世界が一瞬で変わる

潜在意識の使い方

How to use subconscious mind effectively

石山喜章
Yoshiaki Ishiyama

あさ出版

潜在意識を変える3ステップ

ステップ1　潜在意識をみる

5階層のモデルにそって自己の内面を理解する

↓

ステップ2　認識を変える

過去＝現在＝未来に対する自分の認識を変化させる

↓

ステップ3　未来を選択する

新しい自分をイメージし、未来の自分になって出発する

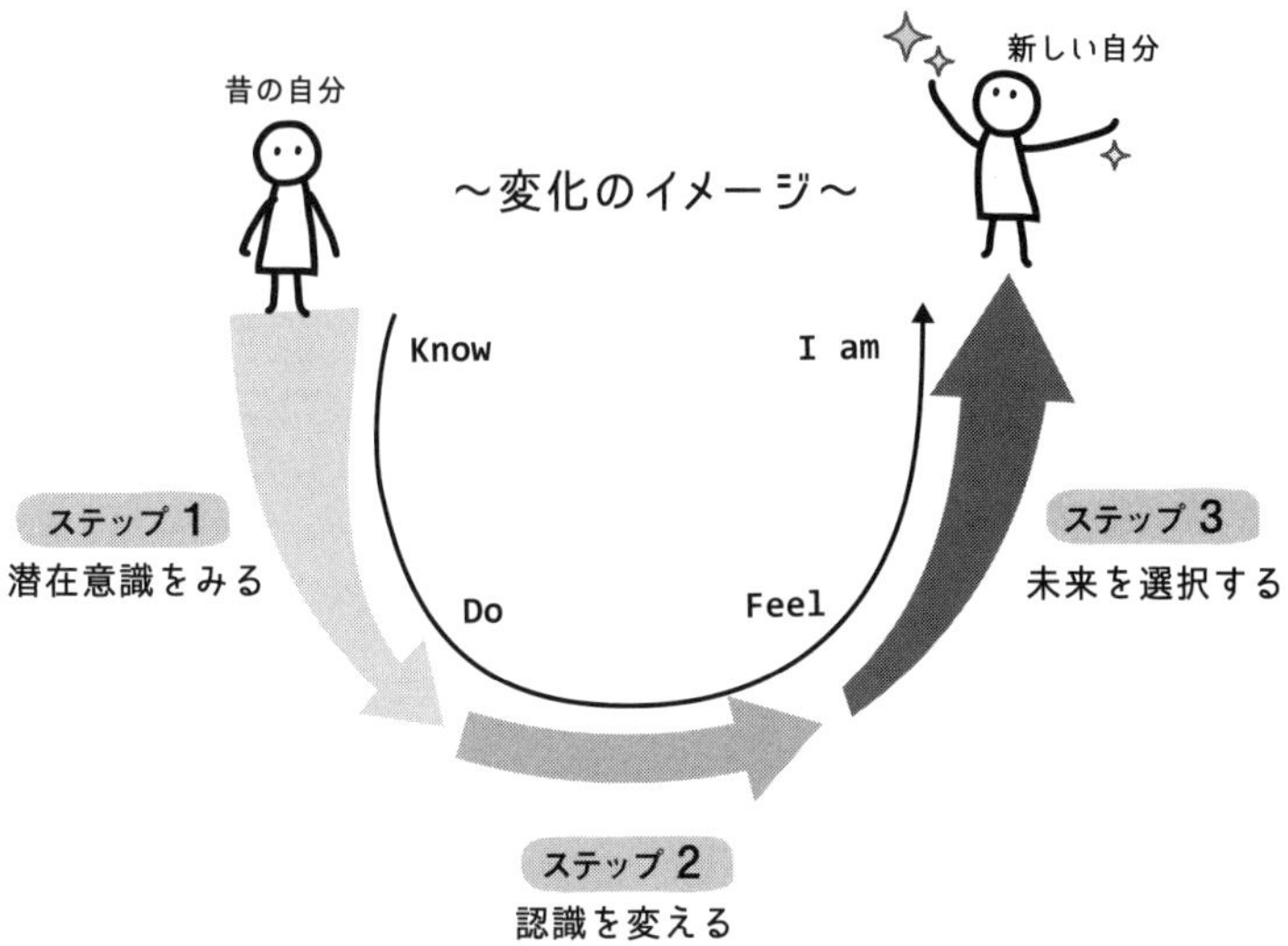

プロローグ

この本は、**一度手に入れたら二度と「人間関係やコミュニケーションのズレに悩まない」ためのマスターキー**をお渡しする本です。

「また、そんな気を引くことを言って。結局、そのマスターキーとやらを手にするにはすごい勉強や難しいハードルを越えなければいけないんでしょ」

そう思われる方もいるかもしれません。いや、いいんです。

私とみなさんの間には、まだ信頼に足りるだけの人間関係がつくれていないのですから信じがたいのも当然です。

ですから最初にお約束します。

まずはいったん、ニュートラルな気持ちでこの本を読み進めていただけるのであれば、必ずみなさんにいつでも、どこでも、誰とでも使える「人間関係とコミュニケーションのマスターキー」をお渡しします。

そもそも、私自身が長い間、人間関係の悩みにどっぷりはまっていました。いや、悩みなんてものではありません。鬼のような人間不信と言ったほうがいいぐらいです。

私は諸事情から2歳まで生みの親にほとんど育てられず、「親に捨てられた」という感情を持ち、**自分は誰からも愛されない存在だと思い込んできました。**

そのため青春期には、人にほめられたら「ウソつくな！」と怒り、誰かに誕生日プレゼントでももらおうものなら「この人は私に何をさせたいのか？」と相手を疑うぐらいでした。これではまともな人間関係をつくれるはずがありません。


それでも、勉強することは好きでした。

大学で物理学を学び、卒業後に入社した会社では営業職としてＭＶＰを取りました。

その後はあの堀江貴文氏が率いる創業期のライブドアにスカウトされ、メディア事業立ち上げのプロデューサーとなりました。

当時のライブドアはまさに急成長期。

わずか3年半で社員が１００人から３０００人になり、毎日、いろんなトラブルとまさかの出来事が勃発する戦場だったのです。

とはいえ、ライブドアはご存じのように普通の固い企業ではなかったので、できるだけメンバーの価値観や才能を生かすことが求められました。個性を尊重すれば組織としての収拾がつきませんし、規律で縛れば組織のエネルギーが失われてしまいます。

ここでも、いろいろな人間関係に苦しんだのですが、そのおかげで、私は〝あること〟に気づいたのです。

それは、「表情」「言葉」「行動」といった表面上のコミュニケーションだけで、よりよい人間関係をつくるには限界があるということ。むしろ、言動やしぐさの裏にある無意識の部分、つまり、**「潜在意識」に焦点を当てなくては、本当の意味で相手とわかり合えない**、と。

潜在意識にフォーカスすれば人間関係は改善できる

人間は思い込みの生き物です。

どんな事実も自分の思い通りに解釈し、自分のイメージで考え、行動します。

たとえば、昔の私のように、「自分は誰からも愛されない」と思い込んでいれば、いくら周りの人間が好意的に近づいてきても「きっと何か裏がある」「信じて裏切られるのはイヤだ」と否定的に考えるでしょう。

私も自分の性格を変えたいと思っていろいろな本を読み、勉強もしましたが、無意識にある思い込みや信念を変えることはなかなかできませんでした。


そもそも、私たちはコミュニケーションの知識、技術を習っていません。

「みんなと仲良くしなさい」「人の話を聞きなさい」「人に迷惑をかけないようにね」といった曖昧なことしか教えられていないのです。

教習所で車の運転免許を取るように、自分の心の操縦の仕方を習っていれば、問題はありませんが、私たちはそれぞれが自分自身の経験や体験を通して学び、無意識のうちに人間関係に関する個人的なロジックをつくりだしています。

それぞれが「自分ルール」で車を運転しているため、このままでは毎日のようにコミュニケーションの事故がおき、摩擦、衝突、葛藤がなくなりません。

しかし、人間関係やコミュニケーションの仕組みにも〝ある法則〟があります。

それが「潜在意識」です。

これまで脳科学や認知神経科学、心理学などの専門分野では、それぞれ専門的な研究がされていますが、未解明なものも多く、一般的にはわかりにくいものでした。

そこで、**誰もが簡単に「潜在意識」のメカニズムをつかむためにまとめられたのが、本書のベースにもなっている「マインドーム理論」という考え方**です。

私は現在、企業やベンチャーの組織開発コンサルティング（企業研修やコーチング、人事制度の設計など）、個人のコンサルティングなどを仕事にしていますが、強烈な人間不信だった私の性格が変化できた理由は「潜在意識を変えた」ことにあります。まったく新しいこの理論と手法を使うことで誰もが、法則を理解し、それを実践することで変化できるとわかったので、本書を執筆しました。

「なぜかはわからないけれど、こんなふうにされると腹が立つ」

「頭では相手とうまくやりたいと考えても、なぜか自分の感情がそうさせてくれない」

そんな人間関係の永遠の課題を解決する答えが、「潜在意識」に隠されているのです。

自分と相手の世界をつくっている〝マスターキー〟を手に入れる

自分の世界、相手の世界をつくっている「潜在意識」を理解できれば、もうムダに悩むことも、ムダに傷つくこともなくなります。

見えている世界が一瞬で変わり、次のような変化を実感するでしょう。

- 感情的になることがなくなる
- 相手を理解する余裕ができる
- どんなタイプの相手でも大丈夫と思える
- 相手の本心がわかるようになる
- 自分をオープンにしても怖くなくなる
- 人との会話やコミュニケーションが楽しめるようになる
- 自分のことを受け入れてもらえるようになる
- 喜んで自分に協力してくれる味方が増える

●相手のほうから好意的に思ってもらえることが増える
●人が気づかないところも気づけるようになる
●相手がどうしてほしいのかわかるようになる

「本当に？」と思うかもしれませんが、潜在意識を理解し、そこに入るための「マスターキー」さえ手にすれば、誰もが人間関係で悩むことはなくなります。

この本は、これまで人間の活動の99％を占めることがわかっていながら、そのメカニズムと活用方法が「難しい」と思われていたものを、誰でも扱えるようにした、ほかにはない実用的な潜在意識の実践書です。

潜在意識を変える方法は冒頭の図にあるように、「潜在意識をみる」「認識を変える」「未来を選択する」の3ステップです。

第1章では「人間関係において潜在意識がいかに重要か」を説明し、第2章で「潜在意識をつくりだしているメカニズム」について解説します。

第3章は実践編として「自分自身の潜在意識のとびらの開き方」をレクチャーします。

第4章では「さまざまな事例から潜在意識の使い方」を学び、第5章では、「潜在意識をどのように使っていくといいことがあるのか」についてお伝えします。

企業でも「社員の意識を変えたい」という経営者や人事担当者は多いのですが、では、「意識とは何ですか？」と尋ねると、言葉に詰まる方が少なくありません。

ビール工場が「麦とは何か」「麦をどう変化させればビールになるか」がわからなければ商品がつくれないように、「潜在意識とは何なのか」「潜在意識の何をどう変化させれば望む結果が得られるのか」が理解できなければ、実践することもできません。

もちろん、現時点ではまだ半信半疑かもしれません。

でも、それで構いません。

なぜなら読み終わる頃には、きっとあなたの手にも、思うままにコミュニケーションが取れて、人間関係が築ける「マスターキー」が握られているはずですから。

石山喜章

2015年7月

★

第1章　人間関係がうまくいっている人は潜在意識を使っている

★

第2章 あなたの脳は潜在意識の影響を受けている

★第3章

〝マスターキー〟で自分の潜在意識を開けてみる

第4章

世界が変わる潜在意識の使い方

★
第5章
世界は潜在意識でつくられている

第1章

人間関係が うまくいっている人は 潜在意識を 使っている

すべての答えは、「潜在意識」に隠されている

◆大切なのは「理解すること」

最初に一つ質問です。
みなさんなら、AさんとBさん、どちらが人間関係をうまくつくれると思いますか？
《Aさん》人の話に必ず言葉でも相づちを打ち、何を聞いても笑顔でいる
《Bさん》あまり言葉の相づちは打たず、少し厳しい表情でたまに「なぜ？」と質問する
一見すると、Aさんのほうが、うまく人間関係をつくれそうな気がします。

しかし、ほとんどの場合、Aさんのようなタイプはきちんと人間関係をつくることができず、Aさんが「よかれ」と思ってやったことも裏目に出てしまいます。

反対に、ぶっきらぼうにも見えるBさんのほうが、相手と人間関係をつくることができるのです。なぜ、そうなってしまうのでしょうか？

じつはその答えが、「潜在意識」に隠されています。

簡単に言ってしまうと、Aさんは表面的なコミュニケーションに終始して、相手の潜在意識にアプローチできていなく、Bさんは**相手の潜在意識にアプローチできているため、うまく人間関係をつくれる**のです。

このように説明すると、「専門家でもないのにどうやって相手の潜在意識がわかるの？」という声が聞こえてきそうですが、それはもっともな疑問だと思います。

私も、「潜在意識」を理解していなかったときは、人間関係は真正面からぶつかるか、避けるかの選択肢しかありませんでした。

それ以外の「方法」がわからなかったので、死ぬほど苦しみ傷ついたのです。

ですが、人間関係をうまくつくるのが「潜在意識を理解すること」だとわかり、心のつかえがスッとなくなったのです。

このシンプルな原理原則を理解できている人は、すでに人間関係やコミュニケーションの本質をつかんでいて、実際にいろいろなところでいい結果を出せています。

反対に、理解できていない人は、どこにいっても人間関係がうまくいきません。

人によっては自分の殻に閉じこもったり、表面的な付き合いだけにとどめたり、もっと極端になれば、「自分以外はみんな敵」という状態に陥ってしまいます。

本書はそんな後ろ向きの人間関係を見直して、

「人間関係をよりよいものにしたい」

「コミュニケーションをもっと楽しみたい」

「いろんな人と心の距離を縮めたい」

という方のために「潜在意識」へのアプローチ法を公開しました。

我慢したり無理したりすることなく、自分のことを相手にわかってもらい、自分も相手のことをわかるようになる方法をお伝えします。

人間関係の悩みが一向に減らない理由

◆「根っこ」が残ったままだと悩みが解決しない

「なんで、あの人はいつも自分勝手なんだろう?」

「なんで、私ばっかりいつも損しないといけないのか」

「どうしていつもうまく会話できないんだろう?」

「私のことを誰もちゃんと理解してくれない」


みなさんは、このようにムカついたり、落ち込んだりしたことはないでしょうか?

上司と部下との関係、同僚や取引先との関係、夫と妻との関係、子どもとの関係、近所の住人との関係など、私たちにはどこで何をしていても必ず〝人間関係〟がつきまといます。**世の中のあらゆる問題の根っこには、「人と人との関係」が複雑に絡んでいる**といってもいいかもしれません。

もちろん、そんな人間関係の悩みを何とも思わない人はいません。

書店やネット上でも「人間関係の悩み」「コミュニケーション」「話し方・伝え方」について答えてくれる本や情報はたくさん出回っています。それにも関わらず、この世から一向に人間関係の悩みが減ったという話を聞かないのは、不思議ですよね。

なぜなら、そうした情報の多くは、悩みの根本的な部分にアプローチせず、表面的な部分だけを解消しようとしているからなのです。

つまり、**人間関係の「悩み」の根っこは放置したまま。**これでは、またすぐに人間関係で悩んでしまうのも無理はありません。

それならいっそ、人間関係の根っこごと引っこ抜いてしまえばいいじゃないか。

そんなふうに考える人もいるかもしれませんが、それも非現実的です。

私たちは少なくとも何らかの仕事をして生きていく限り、誰ともまったく関わらないわけにいかないからです。

じゃあ、どうすればいいでしょうか？

そこで必要なのが、「潜在意識」です。

「無意識の活動＝潜在意識」をうまくコントロールできれば、自分のことも他者のことも、もっと深くわかるようになります。そして、潜在意識を明らかにし、このコントロールの方法を体系的にまとめたのが本書なのです。

世の中にいる成功者や、自分の人生を肯定できている人、ざっくりと言ってしまえば「幸せな人」は、ほとんど例外なく潜在意識にアプローチできています。

もっと言えば、自分の潜在意識を理解し、他者の潜在意識も理解できているからこそ、人間関係で大きく悩んだり、困ることなくコミュニケーションでき、いい関係を築けていけるのです。

トラウマをつくる本当の原因は？

◆目で見える1%にとらわれていないか

考えてみてください。人間関係がボロボロなのに、仕事やプライベートが充実して幸福感を得ている人なんて聞いたことないですよね。

つまり、仕事やプライベートが充実して幸福感を得られているということは、そのままイコールで人間関係がうまくいくこととつながっているのです。

反対に、仕事やプライベートでストレスやプレッシャーを抱えている人は、人間関係を「面倒くさい」「怖い」「自分に余計な害を与えるもの」「むなしい」といった感覚でとらえています。

これは、これまでに人間関係で散々「イヤな思い」「残念な出来事」「悲しみや恐怖」を経験してきたことが関係しているのでしょう。

いわゆる「人間関係のトラウマ」というものです。

ですが、**こうした負の感情は、じつは人間関係のトラウマが原因ではありません。**真の原因は自分も、他者も表面的にしかとらえていないことにあるのです。

要するに、目で見える1％の部分だけを見て、他者を理解していると思うから「人間関係のトラウマ」として片づけるしかないようなことが起こってしまうわけです。

人は相手の「言葉」や「表情」などから「きっとあの人はこう考えているに違いない」と思い込み、相手のことを決め付ける傾向があります。相手の立場を理解し、その言葉の背景にある思いを知ることがなければ、嫌いな相手や苦手な相手を避けるようになり、「もうあの人とは付き合いたくない」「二度とこんな思いはしたくない」と自分の経験や体験を人間関係のトラウマとして処理してしまうようになるのです。

これは、1％の部分だけを見て判断した結果です。

しかし、実際は、目に見えない99％の潜在意識に影響を受けているわけですから、思うようにいかないのも当たり前なのです。

その顕著な例がＩＴの進化です。

現在の世の中は、スマートフォンやタブレット端末などの機器が誰でも簡単に使えるようになり、ネットワークにつながれば、メールやＳＮＳなどでいつでもどこでもコミュニケーションが取れるようになりました。

しかし、便利になった一方で、コミュニケーションの行き違いやトラブルが増えています。ＩＴが進化するほど、目に見える情報（文章やスタンプなどの記号情報）でのやりとりに偏ってしまい、潜在意識の働きがつかめなくなってしまうからです。

実際、相手がどんな人かわからないままでも、表面的な言葉のやりとりだけで人間関係が築けてしまいます。相手が何を考えているかわからなくてもいいのですから、関係性が希薄になってしまうのは当然です。

まさに現代は、相手と本当の関係が築けずに、いつも衝突したり、誤解したりされたりすることで不安な状態になっているといっても過言ではないのです。

コミュニケーションが苦手な人の「3つの特徴」

◆必要なのは「テクニック」ではない

コミュニケーションを取りながら人間関係をよいものにしていきたい――。

多くの人は少なからずそのような思いを抱えています。

しかし、必要なのは小手先の「テクニック」に頼らず、自分自身の「潜在意識」をきちんと理解することです。

「人間関係がうまくつくれない」「人とのコミュニケーションが苦手」という人は、潜在意識という点から見たときに、次のような課題を抱えていることが少なくありません。

- **自分の出した意見に固執しやすい（観点が固定）**
- **あまり他人の意見を取り入れようとしない（話を聞けない）**
- **自分の非力や弱さを認めず他者批判の傾向がある（他罰傾向）**
- **自分が何を基準に判断しているのか自覚がない（判断基準に無自覚）**
- **具体論や成功者のやり方を重視する（モデル依存）**
- **思い込み＝事実と認識している（認識の重要性）**

とくに「観点」「判断基準」「認識」の３つは、潜在意識を理解するうえで重要です。人間関係がうまくつくれず、コミュニケーションを苦手としている人は自分の考えが正しいと思い、人の話が聞けないので**「観点」が固定**しています。

つまり、無意識に自分が正しいという前提で、他者と関わり、他人を○×しやすい傾向があるのです。潜在意識にもアプローチできていないため、自分の思い込みに気づかず、経験・体験したことはすべて事実と思ってしまうので、コミュニケーションを取るたびにズレが広がり、人間関係は悪化。自己変化に目が向かないので、悪いことやイヤなことはすべて人のせい、環境のせいにしがちです。

時代が求めているこれからの人材像

	自己チュー人材	グローバル人材
観点	固定	自由
判断基準	無自覚	自覚
認識	思い込み＝事実	思い込み≠事実

自己チュー人材 自分の考えに固執し、自分がどんな判断基準を持っているのか無自覚。思い込みと事実を混同するためコミュニケーションがズレやすい。

グローバル人材 異なる意見や考え方を楽しみ、自己の判断基準を自覚している。自分と他者の認識の差に気づいて事実を確認できるため、意思疎通のズレが少なく良好な人間関係を構築できる。

潜在意識を理解するには、
「観点」「判断基準」「認識」の3つが重要なカギ。

一方で、人間関係をうまくつくれる人は、異なる意見や考え方を楽しめる自由な観点を持っています。人の話を前向きに聴く姿勢があり、「すべては自分次第」と物事を考えることができます。

潜在意識にアプローチして自分の判断基準を自覚できているため、成長スピードも速いのが特徴です。自分が経験・体験して思ったことが必ずしも事実とは限らないことを理解しているので、折に触れて自分の認識と相手の認識をすり合わせ、事実を確認する習慣もできています。

観点が固定され、自分の判断基準にも無自覚、思い込みが事実になってしまう前者のような人は「自己チュー人材」として扱われます。反対に後者のような人は「グローバル人材」として、これからの時代、さまざまな企業で求められるでしょう。

働き方が多様化し、いろいろな価値観の人とコミュニケーションを取ることが求められている今の時代、どちらの人材になるべきかは自ずとわかってもらえるのではないでしょうか。

なぜ相手の話を聞けない人が多いのか

◆「考えのお散歩」が誤解を招く

相手のことを深く理解できていないというのは、それだけ相手の話を聞けていないということです。みなさんはどうでしょうか？

誰かと一対一で話をしているときに、相手の話を「本当にフラットな視点で100％聞けている」という自信はありますか？

おそらく、ほとんどの人は、**相手の話を聞きながら同時に「自分のこと」を考えているのではないでしょうか。**

（なんでこんなことを言うんだろう……）
（そういえば、前もこの話をしていたっけ……）
（それって私に対する当てつけなのかな……）

相手の話を聞いているつもりで、じつは思考がいろいろなところに飛んでしまっている。そんな状態を、「考えのお散歩」と呼んでいます。

たとえば、会議で上司が話しているときに「B社」という単語を聞いたAさんは、「そういえば、B社からの見積りの返事がまだだったな……。そろそろ発注書をもらわないと納期に間に合わないのに、いつも〆切直前に連絡してくるんだよな……」と考えがほかの方向へ行ってしまいます。

ふと我に返って上司の話に集中しても、「来月の売上目標は……」という話に差し掛かったあたりで、「この目標って、勝手に上層部が決めた目標でしょ？　まだ残業しろっていうのかよ。本当にうちの会社は人使いが荒いよなぁ。転職でもしようかな。転職と言えば、同期の松本が辞めるって噂を聞いたけど、あいつどこに行くつもりなんだろう……」などと違うことを考えてしまいます。

お散歩理論 ～人は話を集中して聞いていない～

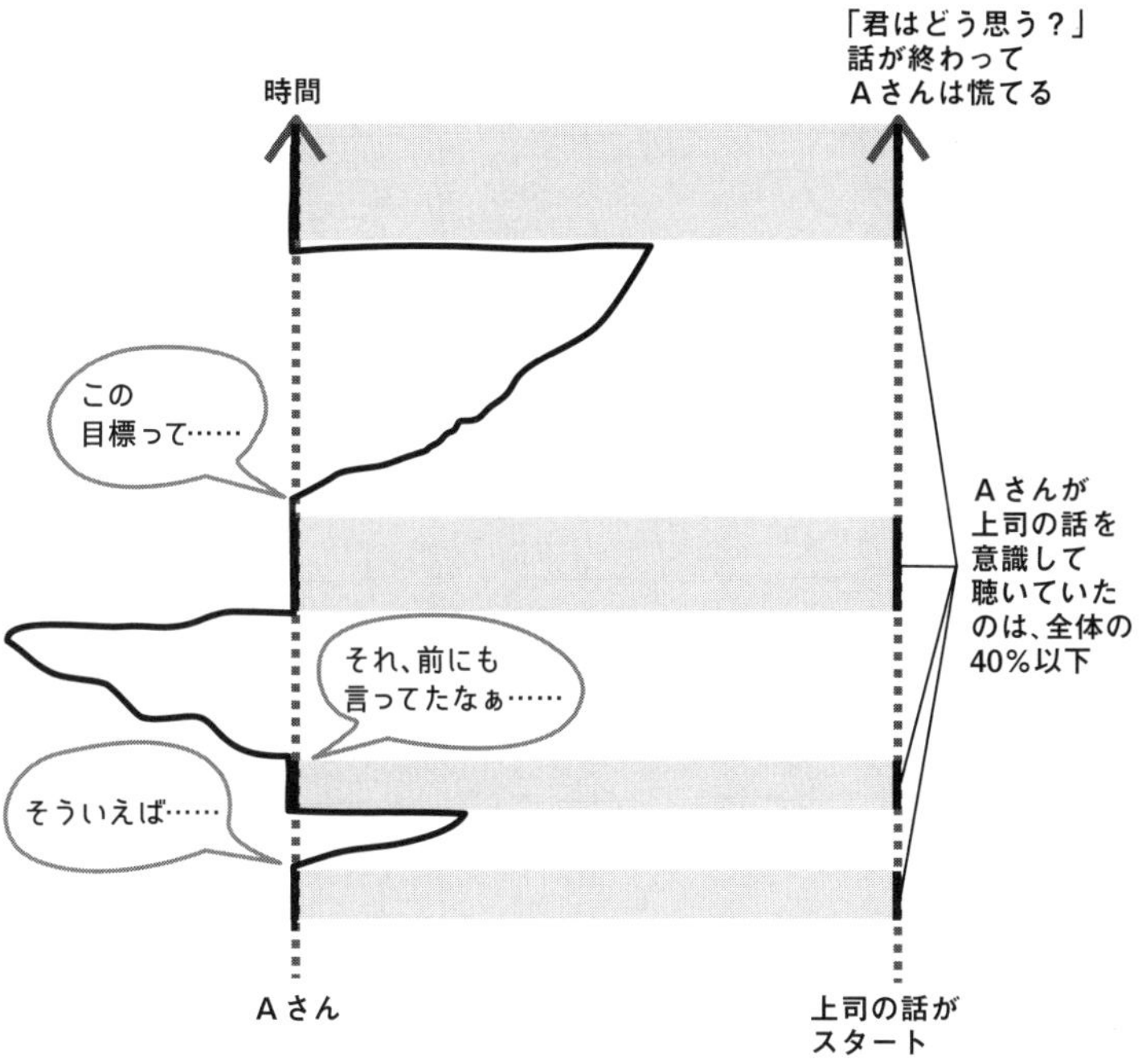

ほとんどの人は相手の話を聞きながら同時に「ほかのこと」を考えている。

そうこうしているうちに話が終わり、「Aさんはどう思う？」と意見を求められて言葉に詰まってしまった、ということはよくあることです。

認知科学では「考えのお散歩」のことを「マインドワンダリング」と呼び、「日常的な認識の50％は、自然発生的な考え、マインドワンダリングによって占められている」と言われています。

自分が相手に対して抱いているイメージどおりの発言があれば、その部分だけを切り取って、イメージと違う部分は捨ててしまいます。自分が聞きたい部分だけを都合よく解釈してしまうのです。テレビの街頭インタビューで、番組の構成どおりの「答え」が切り取られて放送されていますが、それと同じです。

相手のためによかれと思って伝えたことが、正反対に受け取られてしまい、思わぬトラブルになるのは、そうした思考のクセが原因でもあるのです。

みなさんも人と話をしているとき、「あ、考えのお散歩に行って聞いてなかった」と気づく瞬間があるか注意してみてください。

成功者は、「同じ視点」を持っている

◆「観点」「判断基準」「認識」の3つを押さえる

経営者やマネージャー、人気店の店長など、たくさんの人と関わっていくことが求められ、そのなかで成果を出せている人は、例外なく潜在意識を使っています。

正確に言えば、潜在意識を理解していなくても、結果的に同じ視点を持っているのではないでしょうか。同じ視点というのは、「相手の立場（観点）」「背後にあるイメージ（判断基準）」「ものの見方（認識）」をちゃんと理解して人と接するということ。

つまり、相手の表面的な部分だけではなく、「目には見えない部分＝潜在意識」を見ているということです。

本質を洞察する力は、多くの経営者が手にしたいと願っている能力の1つでもありますが、それを図解したモデルやフレームワークはそれほど多くありません。

米国の未来学者アルビン・トフラーは著書「富の未来」のなかで情報と知識の違いについて説明しています。ここでは、それをより深めて、潜在意識を理解するために本質とは何かを6階層で整理していきましょう。

《「データ」：単体では「意味」を持つことのないもの》

・300株

《「情報」：データに主語・述語などが加わり意味を持つもの》

・「AさんがX社の株を300株購入した」

《「知識」：情報が集まり「価値」になるもの》

・「AさんがX社の株を300株購入した」

・「X社は来週、記者会見を開く予定」

・「X社の社債が売りに出されている」

3つの情報が集まることで「今が買い」というように、価値に変わる情報の集まりを「知識」といいます。

《「智恵」：パターンを発見する段階》

知識がある程度蓄積されてくると、パターンを発見するようになります。株価の動きを示すチャートも、特定のパターンで売りや買いをすると儲かるというノウハウ（パターン）本がありますが、金融業界に限らず多様な業界で、「こういうときには、こうなる傾向・確率が高い」というレベルまで濃度が凝縮された情報・知識を「智恵」と呼びます。

《「法則」：一般に学問・理論と呼ばれるもの》

パターンを発見し、それを実験などを通して証明でき、他者が同じことを試しても再現性があると科学として認められます。

このように、特定の分野で立証された智恵は「法則」と呼ばれるようになります。

ただし、植物学は経済学を扱わず、金融工学が分子生物学を扱わないように、ある特定の分野に対して通用する法則なので「部分的な法則」といいます。

《「真理」：この宇宙すべての存在や現象に共通する法則》

この宇宙の内にある、すべての存在と現象に共通する自然法則を真理と呼びます。数学・物理学は真理に近く、授業で出てくる方程式は地球以外の惑星に行っても使うことができますが、社会学、歴史学、脳科学などはほかの惑星の文明において通用するかどうかは未知数です。

一般社会では、ケーススタディや事例、やり方を学ぶことで結果を出そうとする傾向が強いですが、本当に成功している人に共通する点は、本質（やり方や考え方、思い方のベースにあたる在《あ》り方・メカニズム）を理解している点です。

これからみなさんが成功したい、幸せになりたいと願うならば、やり方に執着するよりも、考え方や思い方をマネするよりも、それらの基本土台となっているメカニズ

情報と知識の違いを知る

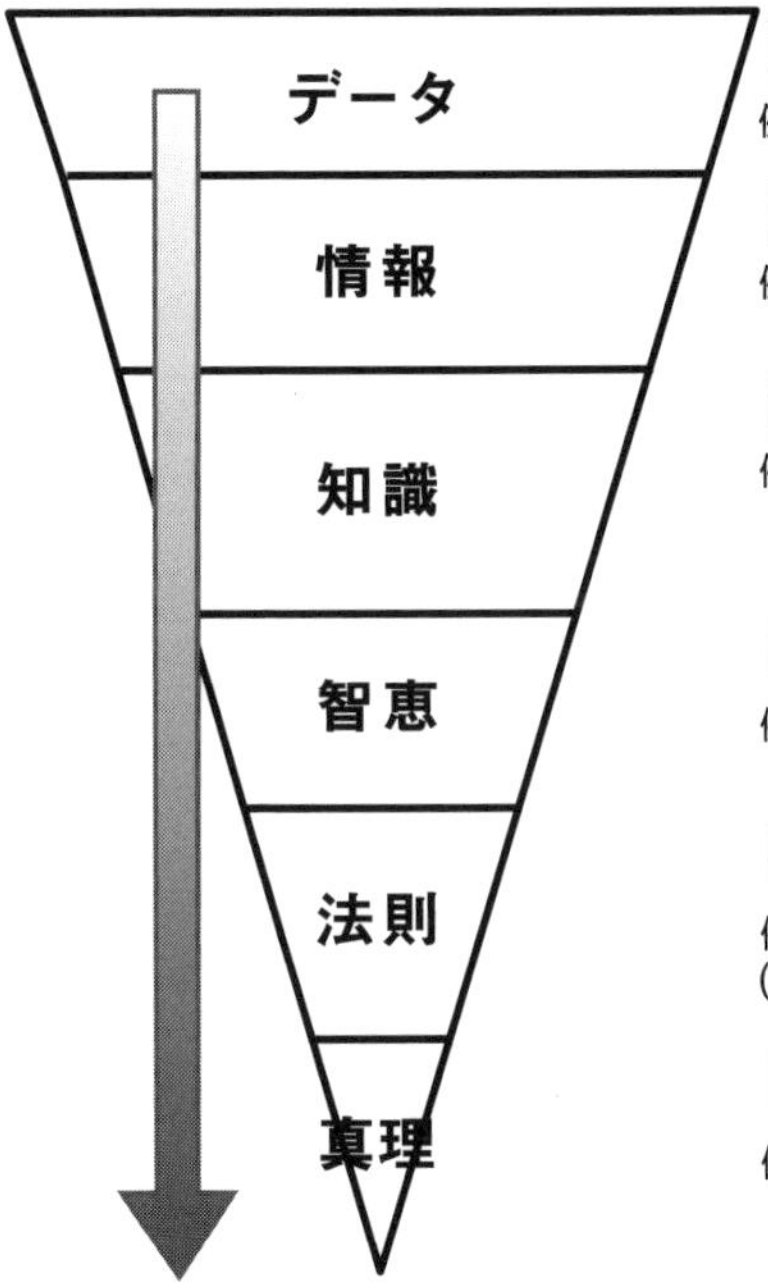

数値＋単位

例：300 株

意味を持つ

例：AさんがX社の株を 300 株購入した

価値になる

例：AさんがX社の株を 300 株購入した。
X社は来週、記者会見を開く予定。
X社の社債が売りに出されている。

パターンを発見する

例：株価の売り時や買い時を
示すチャートのパターンなど

部分的な法則

例：学問・理論
（社会学、心理学、経済学など）

宇宙全体に共通する法則

例：物理学、数学

データ＜情報＜知識……
という順に内容はより濃くなっていく。

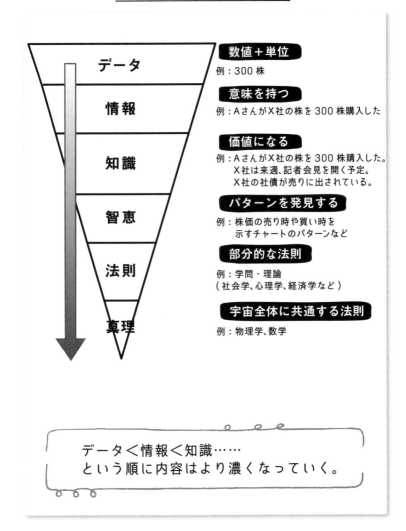

ムや法則、在り方が何なのかを理解するほうが早く正確に結果を生み出せます。

つまり、たくさんの「やり方」を覚えるより、たった1つの「法則」を学ぶほうが効率的なのです。

結果を出している人や成功している経営者が「本質」を大事にするのには、こうした背景があります。人間関係の構築においても、やり方や方法論だけマネをするレベルでは、本当の信頼関係は築けません。人としての在り方を伴った相互理解を深めるためには、「やり方」のレベルではなく、本質的な智恵や法則のレベルを理解することが必要です。

本書では、脳科学や社会神経学などすべての学問を裏付けできる「観術」（脳と五感覚に固定された観点を次元上昇させる技術）をもとにした「潜在意識の法則（メカニズム）」をわかりやすいかたちで解説します。

人間関係をうまくつくることができ、よいコミュニケーションを楽しむための「潜在意識の正しい使い方」は、一度手にすれば、ずっと使えるシンプルな法則なのですから。

成功している人は本質を理解するのに長けている

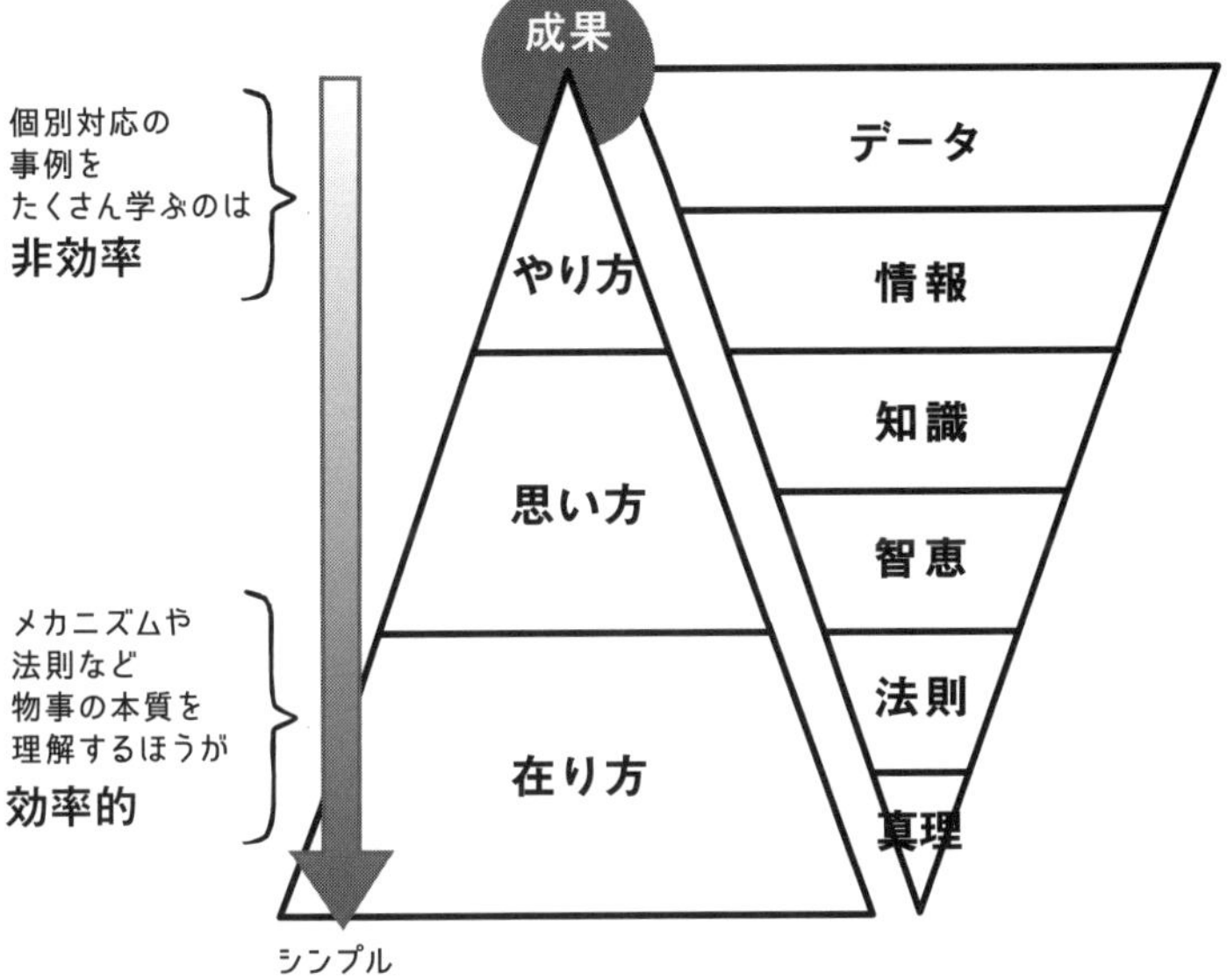

やり方に固執するよりも、考え方をマネするよりも、それらのベースになっているもの(メカニズムや法則、在り方など)を理解するほうが早く正確に結果を生み出せる。

自動車の運転も人間関係も基本は同じ

◆「4つのステップ」で理解と実践につなげる

人間は年齢や経験を重ねるだけではコミュニケーションスキルを上げることはできません。つまり、人間関係をうまくつくっていくには、そのための正しい理解と実践が必要になってきます。

たとえば、みなさんが自動車の運転免許を持っているとして、考えてみてください。自動車を思いのまま運転するためには、どんな理解と実践をしていったでしょうか？

まずは、教習所で自動車の機能や特性を知るところ（＝「Ｋｎｏｗ」）からスタートしたと思います。アクセルを踏めば走る。ステアリングを切れば曲がる。

そういった理解があったうえで、実際に自動車を運転してみます（＝「Ｄｏ」）、すると一発で駐車するのが難しい（＝「Ｆｅｅｌ」）などのフィードバックを得ます。そして、何度も訓練しながら運転の感覚をつかみ、やがて「Ｉ ａｍ ドライバー」という段階に到達するわけです。

この４つのステップ（理解→実践→感覚→習得）は自動車だけに限りません。楽器を弾けるようになったり、スキーが滑れるようになったりするときも同じで、どこかのステップを飛ばして、いきなり自分のものにすることは、よほどの天才的な人でもなければ難しいでしょう。

◆潜在意識を理解すると「ムダな努力」がなくなる

あるところに、新品の自転車を買ってもらった男の子がいました。その子は一生懸命自転車を漕いでいるのですが、１ミリも前に進みません。

「ペダルを回せばタイヤが回る」ことは理解しているのですが、一体何が理由で進まないのでしょうか？

じつはこの男の子、スタンドを上げたままで、一生懸命漕いでいたのです。同じように、中途半端な理解をもとにした実践では望む結果を得ることができません。仕事で企画書をつくるときも、相手の要望を正しく理解していなければ、せっかくの努力がムダに終わってしまいます。

これは人間関係も同じです。人とコミュニケーションを取るのに免許は必要ありませんが、**まったくの自己流でやり続けてうまくいかないということは、いろんな努力がムダになってしまっている**のではないでしょうか。

人とのコミュニケーションも、基本はまず「潜在意識の構造」を知って理解するところから始めるほうが、自分と他者の関係をよい方向にコントロールしやすくなります。正しい理解をもとにした実践行動でなければ、思った通りの結果を得ることはできないのです。

「思い込み」はトラブルの種

◆「悲劇のヒロイン」と「加害者」の関係とは?

自分と自分自身を取り巻く世界をどのようにとらえていくか。

人の性格や価値観は、ほとんどの人が10歳ぐらいまでの環境や経験によってつくられていきます。


私の場合は、実家が自営業だったので両親共働きで忙しい環境のなか、2歳ぐらいまで週6日は祖父母の家に預けられていました。実の両親にほとんど育てられなかったので、物心がつく頃には「捨てられた」という思いが潜在意識のなかにありました。

そのため私は寂しさから「自分は愛されていない存在だから、自分が愛される存在になるために何をすればいいのか？」といった意識が、他者との関わり方で重要な意味合いになっていました。愛されるために自分がやったことでうまくいったことは○、失敗したことは×という考え方です。

そうした経験を積み重ねて自分の判断基準をつくっていくのですが、そうなると、いつしか「自分が愛され認められるためにはどうすればいいか」という観点でしか人間関係がつくれなくなってしまいます。

過去の経験から「期待しても裏切られて傷つくから、最初から距離を置くようにしよう」が○になり、自分でその結果を招いておきながら「ほら、やっぱり裏切られた。本気にならなくてよかった」と解析するのです。このように自分が思い込んだ通りに行動して結果が出ると、その思い込みはさらに強化され、揺るぎないものになってしまうわけです。

これを心理学では「イラショナル・ビリーフ（非道理的な思い込み）」と呼びます。

客観的に見ればおかしなものの見方、考え方であっても、それを自分で無意識に何十年も持ち続けてしまいます。

たとえば、女性に多いのが、「悲劇のヒロイン」という潜在意識を持っているケースです。付き合う男性が自分を支配しようとしていて、自分はいつも我慢を強いられている、と思い込んでしまうのです。

そういうものの見方、考え方が長くなってくると、職場の男性上司も自分を支配している加害者としてとらえ、自分はいつも被害者と思い込むようになります。

もちろん、本当にそういう状況下にある人もいるでしょう。

ですが、案外、客観的に見ると、女性のほうが男性上司を敵対視してくるので、上司も対立姿勢を強めるようになり、そのうち本当に「支配する側と支配される側の役割」になってしまうこともあります。

この場合、女性はずっと被害者でいることができ、「悲劇のヒロイン」という潜在意識の自己イメージを守ることに成功します。

こうした潜在意識の働きは、じつは本人も周りも見えていないことが多いので、まずは自分の潜在意識を観察して自覚することがとても重要なのです。

「自分探しの旅」でなぜ、何も見つからないのか

◆答えは「外側」ではなく、「内側」にある

人間関係に悩んでいる人は、基本的に真面目です。

その真面目さゆえに、「人間関係がうまくつくれないのは自分がダメだからだ」と思い、自分の何をどう変えればいいのだろうかと悶々《もんもん》と考えるのです。

そして、なかには〝自分探しの旅〟に出てしまう人もいます。

20代のある男性は、会社で人間関係の板挟みに悩み、自分を見つめ直したいと日本一周の旅に出ました。お金はほとんど持たずにヒッチハイクの旅です。

ときには旅先で知り合った人の肩をもみ、その対価を少しだけ受け取ったり、農作

業を手伝って食事をお世話になったりしました。

旅の間、彼は「何も持たないのに、とても幸福だった」と言います。

ところが、1年の旅を終えて戻ってきた途端に、急激な不安に襲われました。

同級生たちは仕事をたくさん経験して成長しているのに、自分はまだ無職でどこにも向かう先がない。不安にいたたまれなくなった彼は、数カ月間のアルバイトをし、再び旅に出ます。しかし、旅から戻ると、また同じような不安に駆られたのです。

「一体何がダメなのかがわからない。自分はどうすればちゃんとした人間関係をつくって生きていけるのだろうか。このままだと、同じことの繰り返しだ」

私は彼からそのような相談をされたのですが、環境や行動を変えても、人間関係をつくる原理原則が理解できていないと、自分に自信が持てる人間関係はつくれません。

同じ悩みを抱えて北欧の果てまで旅したある女性は、こう言っていました。

「どこまで行っても新しい自分はいなかった。わかったのは、どこに行っても自分がついてくるということ」

どれだけ自分を探す旅に出ても、自分の潜在意識に目を向けて、何をどう変化させればいいかわからないと、何も変わらないのです。

自分に自信を持って、どこでも人間関係をつくってうまくやっていきたい。

そのためには、まず「いかに自分が自分のことをわかっていないか」を知ることです。人間の脳は、自分がなぜそれを選択するのかを意識させないまま、イメージに近いほうを選ぶクセを持っています。

その根本にあるのが、潜在意識です。


前述の彼も、自分自身の潜在意識にアプローチすることで「自分が何者なのか」を明確に理解し、未来のビジョンを描いて行動できるように変化しました。

人生がうまくいく原因も、うまくいかない原因も、すべては潜在意識にあるのです。

ですから、自分探しの旅をして外側に自分を探すのではなく、自分の内側の潜在意識に目を向けることが、問題解決のいちばんの近道なのです。

潜在意識は理解できれば、誰でも使いこなせる

◆「できない」という思い込みを捨てる

急に潜在意識を自覚しろといわれても「どうすればいいかわからないし、できない」と思われるかもしれません。具体的な方法は第3章で説明しますが、もし、「自分は変化できない」という思い込みがあれば、まずはそれを捨てる必要があります。

人間の活動には、「意識的」「無意識」、2つのものがあります。

たとえば、ペンで字を書くのは意識的にやっていること。

しかし、心臓の動きを意識的に止めたり、血液の流れを自分で調節したりできないように、無意識で行われているものもたくさんあります。

そう考えると、私たちが無意識で行っているものに自分でアプローチするのは難しいようにも思えるのですが、じつは「無意識」にアプローチできる方法もあるのです。

まず、無意識には次の3つの深さがあります。

1 経験が蓄積されたことで無意識に移行したもの

2 生まれてから死ぬまで無意識に続く生命維持のための活動

3 すべての生命を成り立たせている集合的無意識（オリジナル・マインド）

本書で取り上げるのは、私たちがアプローチしやすい、**1つ目の「経験が蓄積されたことで無意識に移行したもの」すなわち潜在意識です。**

潜在意識を変える方法は、まず「仕組みを理解すること」、そして「トレーニングによって意識せずにできるようになること」です。自分の無意識を意識化できるので、何をどう変化させればいいのかわかるようになるのです。

たとえば、一流のアーティストは、作品を一目見て、「この作者はセンスがある」と見抜くことができます。

しかし、その理由が何なのかはうまく説明できないといいます。
また、プロのスポーツ選手としてはすごい成績を残しても、人に教えることは苦手という選手も少なくありません。「なぜ、そんなに上手にできるの？」と聞かれても「何となくできるから」としか言いようがないわけです。

一方で、営業やコンサルタントの仕事をしている人は、顧客の潜在意識を言語化したり、見える化したりすることを日頃トレーニングしています。そのため、気づけばいつの間にか潜在意識を扱えるようになり、顧客との人間関係もうまくつくれているのかもしれません。

このように意識していたことが無意識になるというのは、いいことばかりではありません。人や物に対する思い込みが無意識にトラウマのようになってしまっているため、自己イメージを変化させることができない、ということもあります。
ですから、無意識になってしまったことを意識化させる仕組みを知ることで、自分の思い込みを根本から変え、変化させることができるようになるのです。

第2章

あなたの脳は潜在意識の影響を受けている

潜在意識の構造を知る

◆潜在意識は5つの層でできている

潜在意識はけっして特別なものではなく、そのメカニズムをきちんと理解し、訓練すれば誰でも簡単に使いこなせます。

そこで本章では、潜在意識がどのような構造をしているか、人間の脳の仕組みやクセなどを交えながら、わかりやすく解説していきます。

まず、一般的に「潜在意識」を説明するときには、次のような氷山の絵が用いられます。水面より上に出ている氷山の一角が1％の顕在意識で、水面下に隠れている氷山の本体が99％の潜在意識であるという絵です。

99%の潜在意識は水面下にある

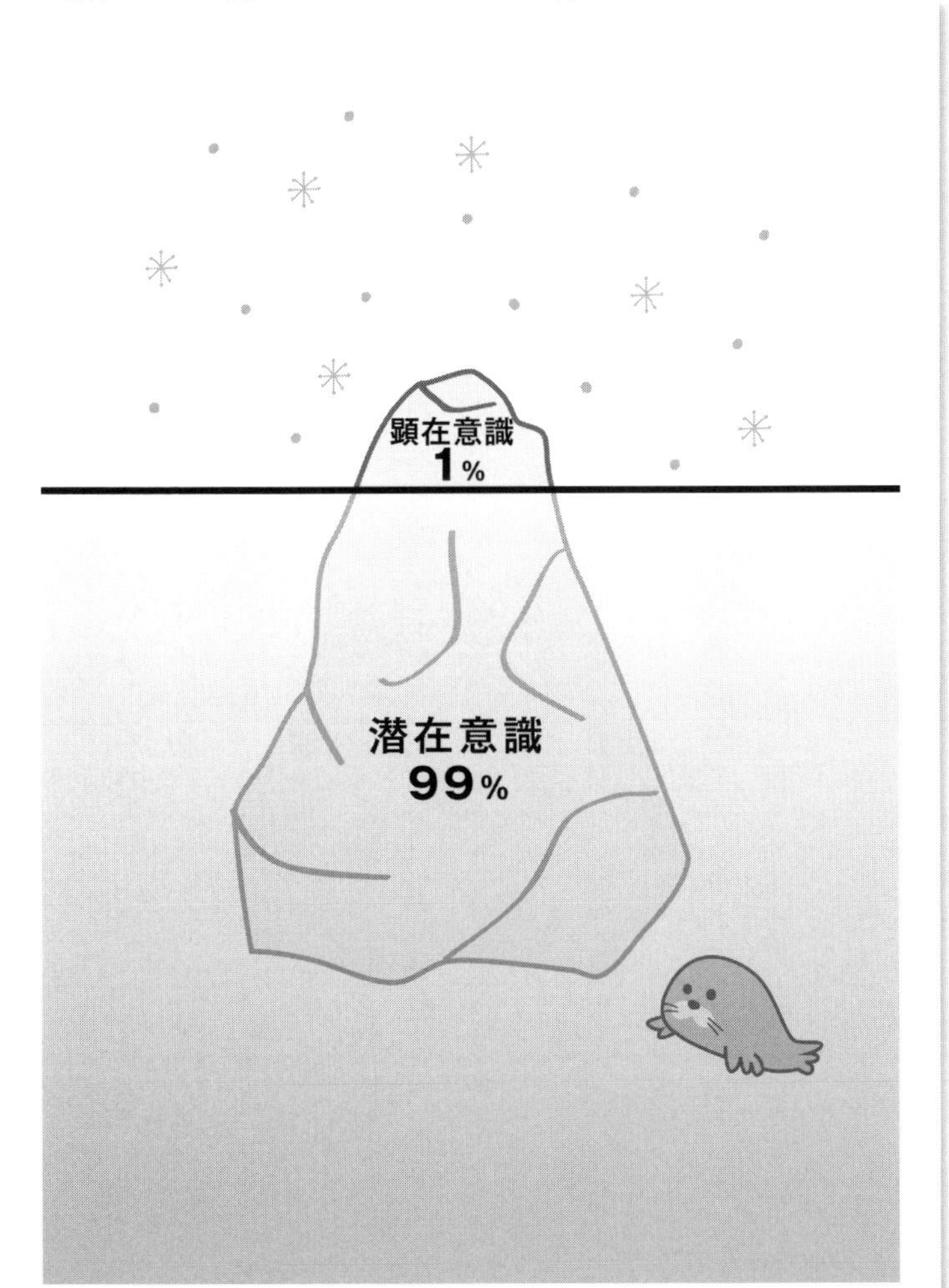

「ああ、たしかに見たことがある」という人もいるかもしれませんが、同時にこんな疑問も出てこなかったでしょうか。

「肝心の潜在意識の99％の中身はどうなっているの？」

という疑問です。

本書では、この99％の構造を、誰にでもわかるシンプルな一枚の絵でまとめています（左図）。

潜在意識はピラミッドのように5つの階層で構成され、「アイデンティティー」「エネルギー」「イメージ」「感情」「思考（考え）」という順でそれぞれが影響を受けています。つまり、潜在意識の根底にあるアイデンティティー（自分自身をどう思うのか）によって、エネルギーやイメージがつくられ、そのイメージに応じて考え・感情が生まれてくるわけです。さっそく図の上部から順に説明していきましょう。

氷山の一角である「顕在意識1％」にあたるのが、「表情・言葉・行動」です。

人は、相手の表情や言葉、行動など、目に見える要素をベースにコミュニケーションをしていますが、その表現（表情、言葉、行動）が生まれる背景にあたるのが99％の部分です。表情よりは言葉、言葉よりは行動のほうがより強く相手に訴えかける力を持っています。

世界初！　潜在意識のイメージ化

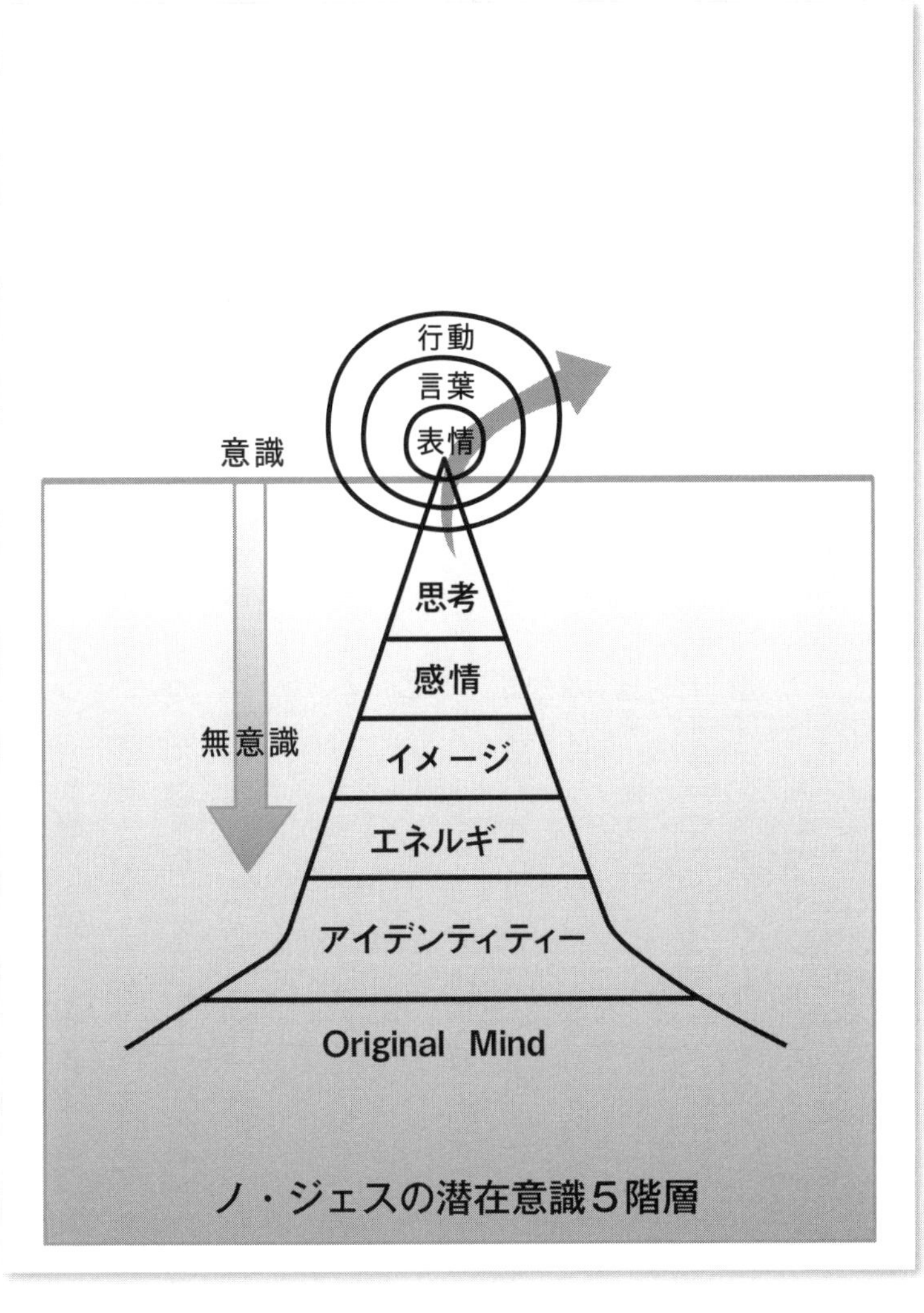

表情には出ているけれど言葉にはしない、発言はするけど行動はしない、というように表情だけ、言葉だけのコミュニケーションでは影響力も違ってきますよね。

次に、潜在意識のなかでも浅いところには、「表情・言葉・行動」を生み出している「考え・感情」があります。夫婦ゲンカの際に正論を言っても相手が行動を変えないように、「考え」より深くにある「感情」が納得しなければ人の言動は変化しません。


では、人間の考えや感情を生み出しているものとは、一体何でしょうか？

それが過去の経験、体験からくる「イメージ」です。

子どもの頃に犬にかまれた人が「犬は怖い」というイメージを抱くのと同じです。

イメージのなかには、先入観や価値観、○×、善悪、好き嫌いといった判断基準（判断のモノサシ、色眼鏡、フィルター）、「～しなければならない、～であらねばならない」といった強迫観念や固定観念なども含まれています。

また、単語に対するイメージもこの3階層に収納されています。

たとえば「アップル」と聞いたら、みなさんは何をイメージされますか？

ある人は、果物の赤い「リンゴ」をイメージし、ある人はスティーブ・ジョブズの

「アップル社」をイメージします。なかには「白雪姫」や「ニュートン」と答える方もいるでしょう。アップルといった単純な単語でも、それぞれの人が抱くイメージはさまざまです。単純な単語一つでも一人ひとりの頭のなかで展開されているイメージがまったく違うということは、複数の単語を用いた文章になれば、なおさらイメージのズレは広がっていく一方です。

こうして認識がズレることでコミュニケーションがズレるのですが、「単語＝イメージ」のつながりが人によって違うと理解できているだけでも、コミュニケーションのミスを減らすことができます。

4階層の「エネルギー」は人間の内にあるものです。

電池のエネルギー残量が少ないとラジコンが動かないように、人もやる気やモチベーションなどのエネルギーがなければ、活動する気力も湧きません。逆に若い人やエネルギッシュな人（エネルギーのある人）は、元気で活動的です。

感情や行動の源にあるエネルギーは、潜在意識の深いほうにあるので、元気があるフリをすることは簡単ではありません。

5階層の「アイデンティティー」は「自分自身をどう思うのか？」といった自己認識です。たとえば、名刺に書かれている肩書きやその人の出身地、性別、所属する組織・団体や人種・民族・国家・宗教などもアイデンティティーを構成しています。

これは単に自分が意識できている自己イメージだけではなく、自分は男だとか、自分は人間だ、自分や宇宙は存在しているといった無意識レベルまでを含んだアイデンティティーを意味しています。

この図をどのように活用するのかは、これから説明していきますが、本書を読み終わった頃にあらためてこのシンプルな絵を見てみると、潜在意識の理解に欠かせない図であることを感じ取っていただけます。

人間関係のマスターキーを使って、相手の潜在意識のとびらを開き、そこにアプローチすることでムダなエネルギーを使うことも、ムダな感情の攻撃にさらされることもなくコミュニケーションを成立させることができるのです。

潜在意識の活用は、「4つのステージ」で変化していく

◆理想は、自分の観点にとらわれないこと

潜在意識の活用には、4つのステージがあります。どのように変化していくのかがわかれば、自分自身の成長も手に取るようにわかるので、ここで簡単に説明しておきます。

《ステージ0「考えグルグル」》

事実ではなく、自分の思い込みを前提に思考が堂々巡りしている状態。妄想や被害者意識が強くなり、意志疎通が難しいメンタル不全に近い意識状態です。

《ステージ1「観点固定」》

自分の経験・体験に基づいた考え方や価値観だけをベースにコミュニケーションを取っている状態。新社会人は普通この状態からスタートします。

《ステージ2「立場チェンジ」》

相手の背景にある考えや立場、状況などを理解して対話できる状態。自分の判断基準やアイデンティティーの形成過程を自覚して、そこにとらわれなくなると、自分の観点だけに固定されず、相手の立場に立つことができます。

リーダーや管理職など、人の上に立つ仕事をしている方には相手の立場に立つことのできるステージ2の方が多いです。

《ステージ3「マインドフルネス」》

目の前の事象に対して判断を加えず、「いまここ」を認識できている状態。

心に余裕があり、安定しているので、多様な価値観の相手を受け入れることができ、異なる価値観の人とも協力関係を築くことができます。

ほとんどの新社会人は、自分の経験・体験に基づいた考え方や価値観だけをベースにコミュニケーションを取る「観点固定」の状態ですが、成長するためには、その状態に自分がいると気づくことがとても重要です。

仕事ができる人は、相手の立場に立てる（相手の観点に移動できる）人が多いと感じませんか？

相手の言葉の背景にある階層（感情やイメージ）を観ることのできる視点を持つことは、成功への近道でもあります。

自分の観点（ものの観方）に気がつかないで、勝手な思い込みのうえに思い込みを重ねて思考が堂々巡りを始めると、不安、不信がつのり、恐怖感が強まってきます。

健全なメンタルを保つためにも、まずは自分の考え方や価値観（モノサシ）だけに固定されていないかを確認し、相手の立場に立ったコミュニケーションができるように心掛けていきましょう。

人間の判断基準を見える化した「マインドーム」

◆人生の可能性を決めているのは、じつは自分だった!?

潜在意識の構造と、もう一つ理解しておきたいのが、本書の考え方のベースにもなっている「マインドーム」です。

「マインドーム」とは、「マインド（心）」と「ホーム（家）」を合わせた観術の造語で、人間がそれぞれ持っている「判断基準」を指します。

マインドーム（心の家）によって、私たちは自分の考えや感情、言葉や行動、誰とどういった関係を築くかを判断しています。そして、マインドームは人生の範囲を決める基準点であると同時に、コミュニケーションの出発点かつ終着点でもあります。

マインドームとは一体何か？

造語 Mind ＋ Home → Mindome
マインド（心） ホーム（家） （マインドーム：心の家）

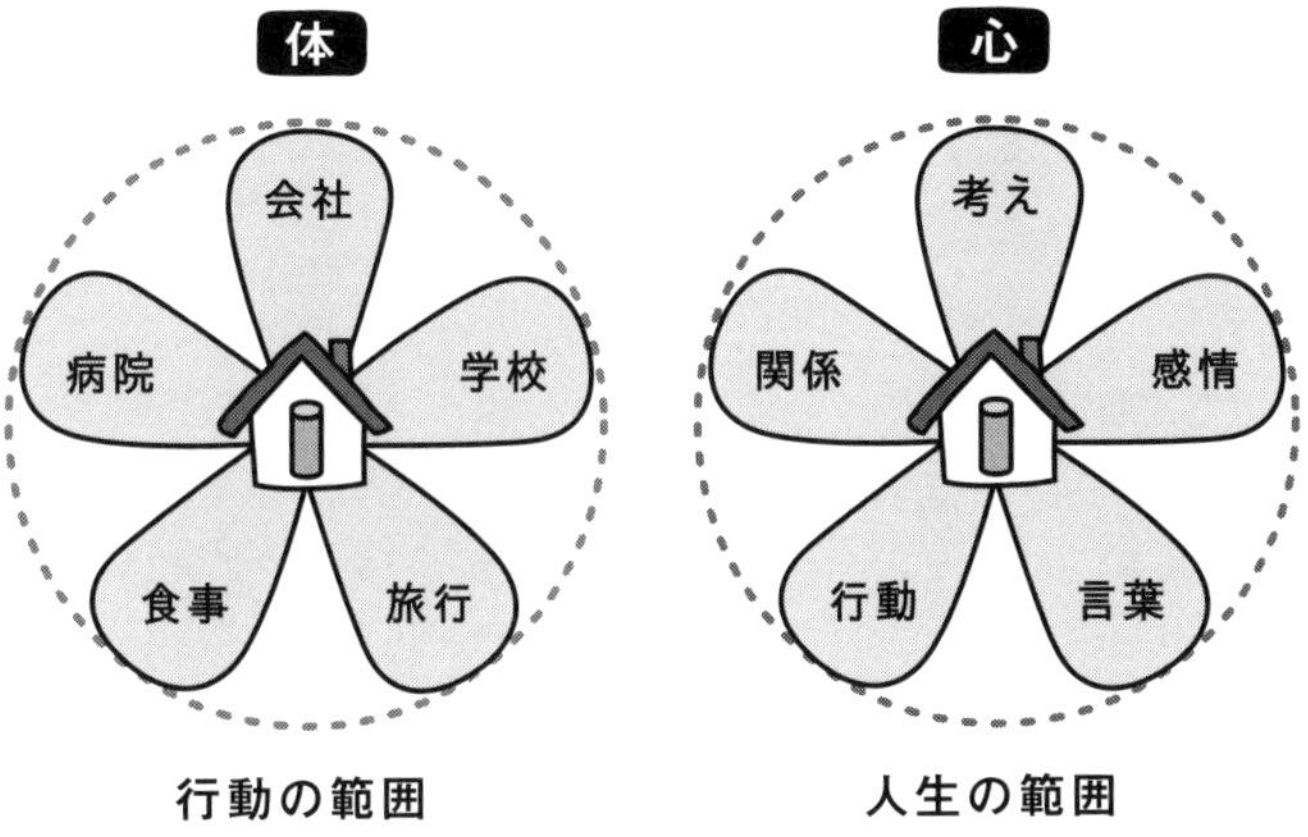

人は誰しも心の中心に判断基準（マインドーム）を持っている。この判断基準がすべての人間関係に影響を与えている。

これは、たとえば「外出」をイメージするとわかりやすいでしょう。私たちは会社や学校、旅行へ行くとき、オフィスや校舎、旅行先を目的地と思いがちです。しかし、実際は子どもの頃に「うちに帰るまでが遠足ですよ」と言われたように、自宅から出発して、自宅へ戻ってくるという行為を繰り返しています。

つまり、意識の目的地は遠足に行く場所だけど、潜在意識のゴールは出発点と同じ自分の家なのです。

小屋の中心にある杭につながれている犬は、一定の半径より外には行けません。これと同じで、私たち人間も自分がつくり出した判断基準（マインドーム）によって思考や行動の範囲、ひいては人生の可能性までを無意識に決めてしまっているのです。この半径、すなわち自分が思い込んでいる世界から出るためには、杭を引っこ抜くことが必要となってくるわけです。

もちろん、それをしないで、今の自分のまま「誰とも深い関係はつくらない」という人生を続けていくことは簡単です。

しかし、固定されたままの判断基準で居続けると、どのような人生を迎えることになるのでしょうか。次の物語を通して見ていきましょう。

心の中心にある判断基準のとらえ方を知る

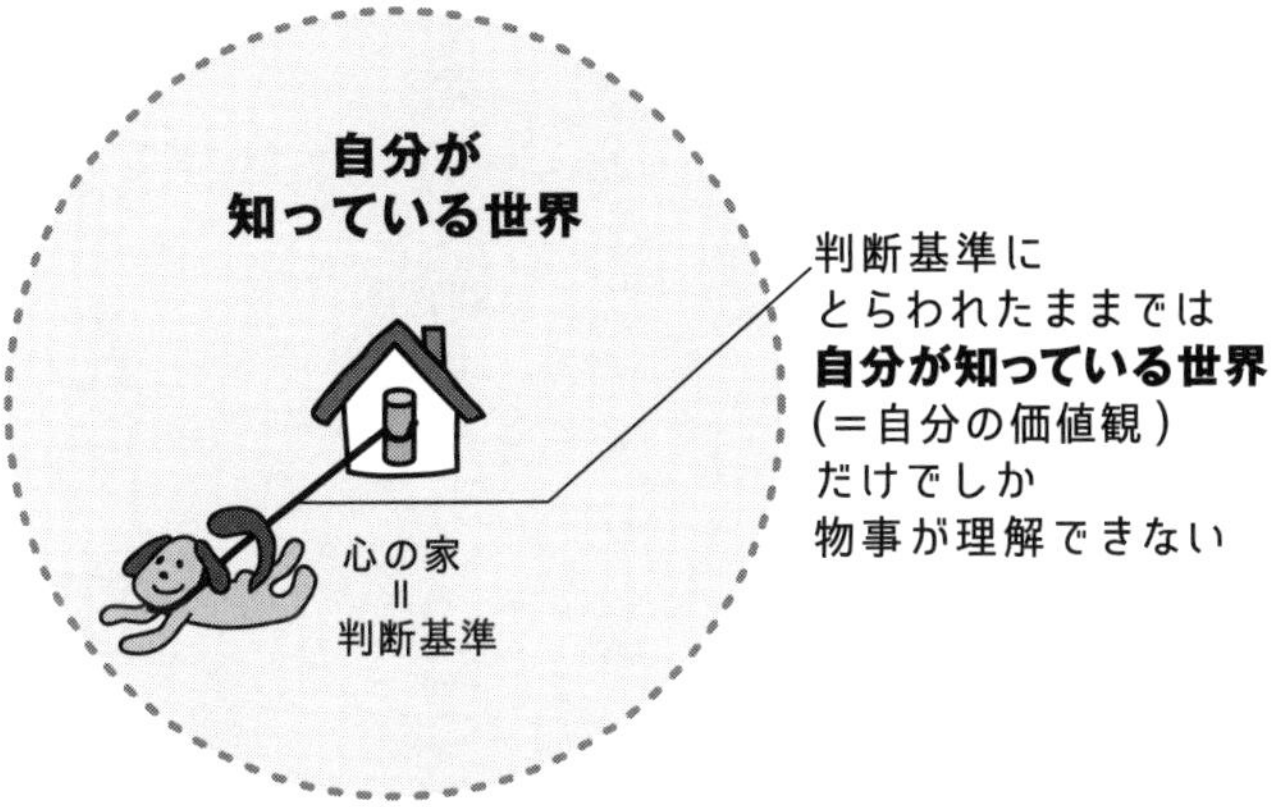

自分の価値観以外の世界を受け入れ、
理解するには**判断基準を手放すこと**が必要！

〈例〉

Aさん 仕事はできるだけ自分の力だけで完結するのがよい

VS

Bさん 仕事は仲間の力を借りながら進めるほうが効率的

⬇

相手の考え方を受け入れるには、
自分の心の家の外に出ることが必要！

ウシ子さんとトラ男さんの物語

◆「あなたのため」は「誰のため？」

潜在意識の正しい使い方を身につけることができず、自分のマインドームのなかだけで暮らし、相手のマインドームにも自由に行き来できないと、どんな人間関係になってしまうのでしょうか。

むかし、あるところにウシ子さんとトラ男さんというウシとトラの夫婦がいました。

ウシ子さんはある日、大好きなトラ男さんのためにいちばん美味しい料理を出そうと思ってアルプスの高原で取れた牧草を差し出しました。

それを見たトラ男さんは『草かぁ……。俺、肉しか食べないんだけど、愛するウシ子が出してくれたんだから』と思いながらムシャムシャと牧草をほおばりました。その日、トラ男さんは空腹を我慢したまま眠りにつきました。

翌日の夜、お腹を空かせていたトラ男さんは「よぉ〜し、今度は俺がいちばん美味しい料理をご馳走するぞ！」と神戸牛のサーロインステーキを用意しました。

それを見たウシ子さんは『ねぇ、これって共食いじゃない？　だいたい私、肉なんて食べられないのに〜』と思いながらも愛するトラ男さんが出してくれたんだからと、美味しそうなフリをしてなんとかステーキを飲みこみました。

その次の夜、今度はウシ子さんが腕をふるって香草づくしの料理を振る舞い、トラ男さんは我慢しながらも喜んで食べてくれました。その次の晩にはトラ男さんが狩ってきた鹿を、ウシ子さんは相手の気持ちをムダにしないようにと、美味しそうなふりをして食べました。

その翌日も、次の日も、愛する二人はお互いに相手のためを思って手料理を振る舞っていたのですが、３カ月ほどしたある日の晩、ついに堪忍袋の緒が切れたトラ男さんが叫びました。

「いい加減にしろ！　毎晩毎晩、草ばっかり食べさせやがって、お前は俺を飢え死にさせるつもりなのか？」

その形相に驚きながらも、ウシ子さんも負けてはいません。

「だったら言わせてもらうけど、あんたこそなんなの？　毎晩毎晩、肉ばっかり食べさせて、私がどれだけ辛い気持ちを味わっているかわかっているの？」

毎日蓄積していた怒りと屈辱が堰《せき》を切ったようにあふれだし、二人は大ゲンカを繰り広げ、結局、離婚することになりました。離婚届を提出し、最後のお別れとなった場面で二人はこう言いました。

「俺は、お前のためを思って精いっぱい努力したぞ」

「私は、あなたのためを思って精いっぱい尽くしたわ」

ウシ子さんとトラ男さんの物語は現代社会にありふれた人間関係を表現しています。

彼らは、お互いに自分の判断基準で「いちばん、美味しいと思うもの」を相手にプレゼントしていました。

しかし、相手の判断基準を考慮に入れていなかったので、それぞれ自分の観点から「こんなに、あなたのためにやったのに……」という思いが出てくるのです。

つまり二人は、**お互いに自分の観点、自分の世界だけで物事を考え、そのなかで自分流に相手を愛するという状態になっていたのです。よかれと思ってしたことが、相手にとっては苦痛となっていました。**

またそのように自分の観点、自分の世界が中心の状態だったので、相手の苦痛にも気づけないままでした。そしてとうとう最後まで、自分の立場からくる論理ばかりを主張して別れることになったのです。

これは、ウシとトラに限った寓話ではありません。

今の時代に生きる、すべての人に当てはまる話なのです。

自分の立場や観点、論理、思考、感情、イメージ、エネルギーに固定された状態、つまり自分の観点に固定された状態であれば、私たちもウシ子とトラ男のように四苦八苦の世界から逃れられないのだと覚えておいてください。

判断基準の「5つの特徴」

◆「幸せのモノサシ」を知ろう

ウシ子とトラ男の物語のように何をもって幸せと感じるか、そのモノサシは人によって違います。

私たちは自分とは違う価値観に惹かれて結婚しますが、離婚する原因のNo1は「価値観が合わない」から。多様な価値観があるから多彩な料理や商品、サービスが楽しめる一方で、価値観の違いをもとにした争いが絶えることもありません。価値観の多様性は、「幸せの理由」でもあり「不幸の原因」でもあります。

「判断基準」とは、この価値観の裏にある「価値を測るモノサシ」です。

そのモノサシで私たちは物事の価値を測り、「○×」「善悪」「好き嫌い」「やっていいこと、やってはいけないこと」など、自らの行動を選択し、結果を判断するようになります。

この判断基準には主に5つの特徴があります。

1 人は誰もが判断基準を所有している
2 その判断基準はみんなバラバラで違う
3 判断基準を一つにしても問題
4 誰の判断基準も完全ではない
5 それにも関らず無意識に「完全」と思って自分の考えに支配されている

こうしてみると当たり前に聞こえますが、これこそが人類に共通するあらゆる問題の原因でもあるのです。

誰もが自分の経験や体験からつくられた独自の判断基準を持っていて、それは指の指紋やDNAと同じように一人ひとりバラバラで異なります。

価値観が合わないからと離婚、転職し、考え方の相違で争い合い、職場でも摩擦、衝突、葛藤が尽きません。宗教や思想が異なるからと戦争、紛争にまで発展します。

かといって、これらをすべて1つの判断基準で統一しようとすると、さらに大きな問題が起こります。組織であればファシズムやロボットのようになってしまい、多様性が失われ、アイデアやイノベーションが生まれなくなってしまうからです。

「バラバラだと問題、1つにしてもダメ。ではどうすればいいの？」と思いたくなりますが、判断基準は誰一人として完全ではありませんし、全知全能でもありません。

しかし、私たちは、つい自分の判断基準が絶対正しいと思い込んでしまい、自分の考えに支配されてしまうのです。

ただ、これにも理由があります。

脳がつねに自分の考えや判断を疑問視していたら生存できないので、人類が進化する過程で、脳はあるパターンを自動化してきたのです。現代科学がつきとめたその特徴をシンプルに整理すると、4つのクセがあります。

脳のクセから潜在意識を考える

◆脳にある「4つのクセ」とは

わたしたち人類がサルからヒトへと進化してから約500万年が経過していますが、脳の構造自体はほとんど変わっていません。物理学者のミチオ・カク博士は、これを「穴居人の原理」と呼びました。われわれ人間の望み、人格、欲求は、まだ洞窟で暮らしていた頃の先祖と変わっていないのです。

これまで脳科学、実験心理学、社会神経学、分子生物学などの研究によって、脳の仕組みはずいぶん解明されてきました。その人間の脳の特徴を、マインドーム理論を考案した認識学者のノ・ジェス氏はシンプルに4つで整理しています。

1 部分だけを取る
2 違いだけを取る
3 過去とつなげて取る
4 境界線を引く

この人間共通の機能(脳の初期設定)を知らないと脳に騙されてしまいます。コミュニケーションに活かすためにも、詳しく見ていきましょう。

1 部分だけを取る

たとえば、左図を見て、この枠のなかにある点をつなげて「犬」をかいてみてください。あなたはどんな犬をかきますか?

ペンをお持ちの方は実際に記入してみてください。

ちなみに点はいくつつなげてもOKです。

犬をかく

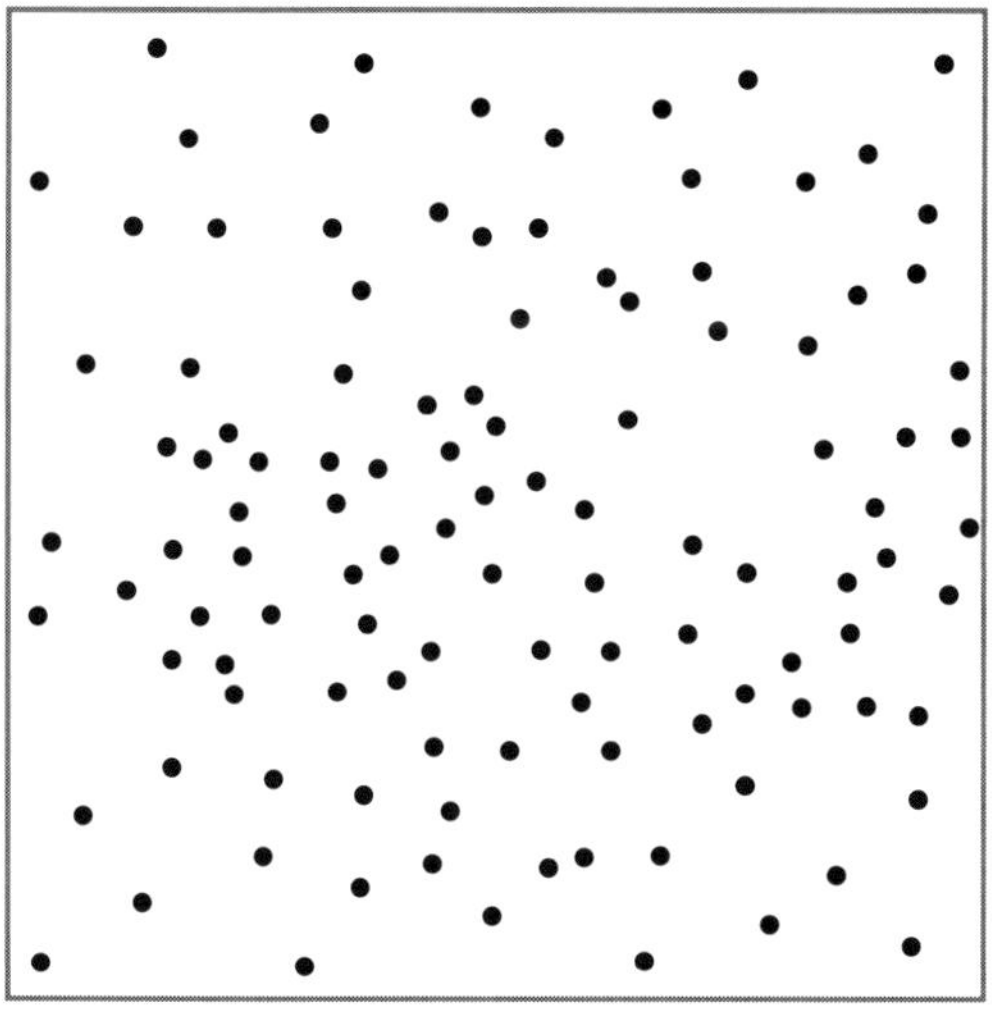

この図の点を結んで犬をかいてみよう

あなたは「犬」と聞いて、最初に何を思い浮かべたでしょうか。ある人は、犬の顔を思い浮かべ、ある人は漢字の犬の字をイメージしたでしょう。

自分が浮かべたイメージにそって、部分だけを取ってつなげていくのです。しかし、ほとんどの人は、すべての点をつなげて絵をかくことはありません。

このように脳には、部分だけを取る特徴があります。

この点（星）が「事実」だとすると、それぞれの事実をつなげてできあがった犬（星座）は「思い込み」や「先入観」を意味します。

警察で「初動捜査の思い込みは禁物だ」と言われているのは、人間の脳はいったん思い込んだイメージに合わせて部分だけをつなぎあわせる傾向があるからです。

このような思い込みを見事に描いた小説がありました。

ある男性の父親が亡くなり、彼は火葬場で父親の遺骨と対面しました。

すると、焼かれて灰と骨だけになった父の棺のなかから、ハサミのような医療器具が見つかったのです。彼はこのハサミを見つけると、父の手術に立ち会った医師が、父の手術後にすぐ医者を辞めているという事実を突き止め、「辞めた医者が医療ミスを起こしたのだ」という結論を導きました。

思い込みの星座

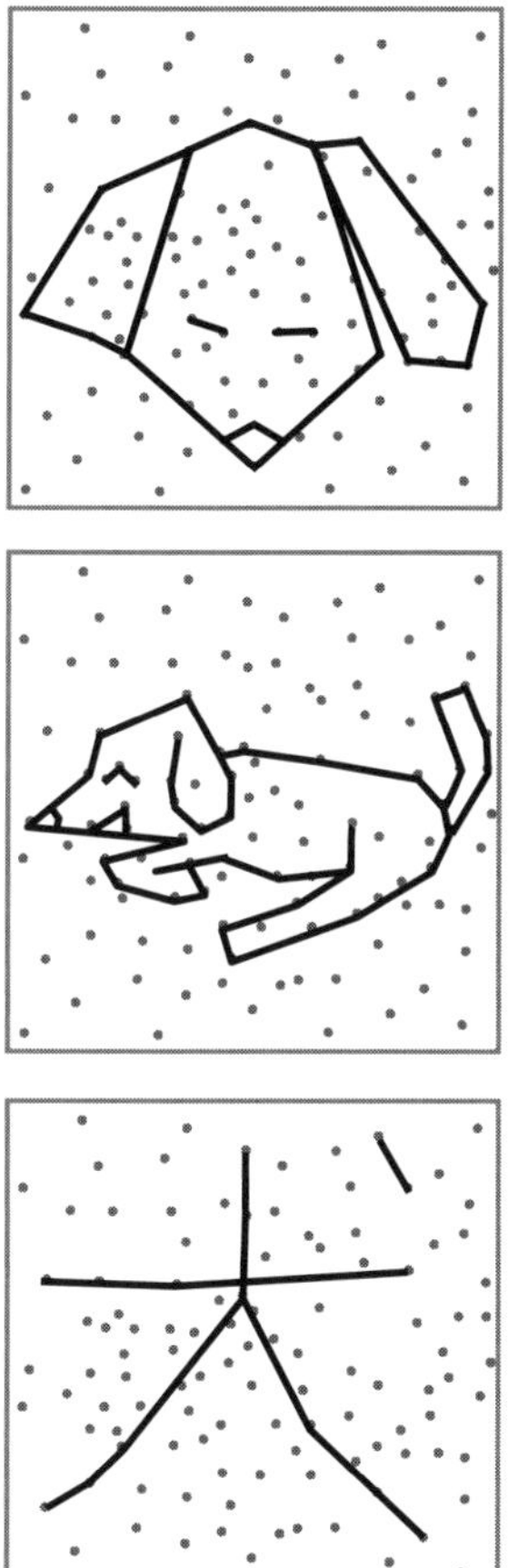

人は自分が認識した事実（星）だけをつなげて、
自分勝手な思い込み（星座）を創り出す。

彼はその医師を父の仇だと信じて探し出し、その事実を追究すると、なんとその医師は「医療ミスを告発しようとしたら、病院をクビになった」というのです。彼自身が思い込んでいた世界が180度ひっくり返ったのです。

まさに彼は自分が認識した「ハサミ」と「手術後の辞職」という点だけを結びつけ、「その医師が犯人だ」という思い込みの星座をつくっていたのです。

このように事実は本人に確認するまでわかりません。

人は自分の経験、自分が見聞きした情報だけをつなぎあわせることで、先入観を持ち、それを基準にさまざまな選択・判断をするようになってしまうのです。

2 違いだけを取る

脳は物事の「違い」だけを取るクセがあります。

まず左図を見てください。

2つのプリンの絵がありますが、上下どちらのプリンが大きいでしょうか？

脳は「違い」だけをとる

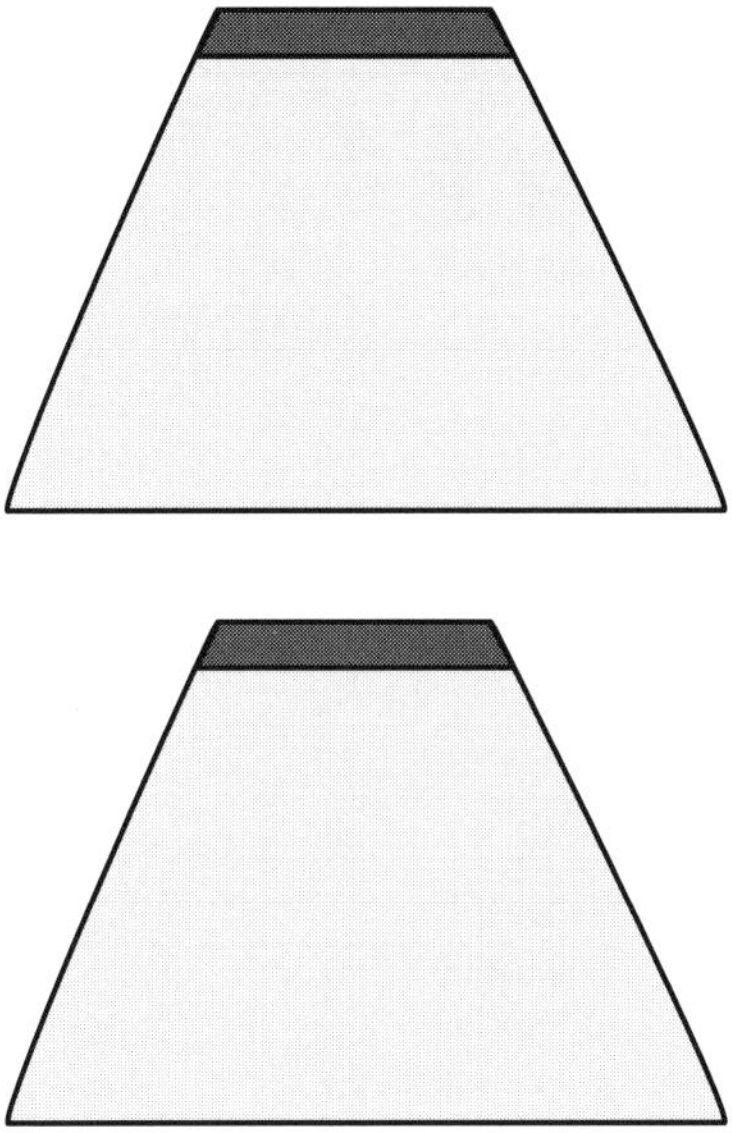

どちらが大きく見えますか？
定規で長さを測ってみましょう。

じつは、上下2つのプリンは同じ大きさなのですが、脳の機能がフィルターとなって上のプリンが大きく見えてしまいます。

これは、上のプリンの底辺の長さと、下のプリンの上辺の長さという部分だけをとって、脳が無意識下で長さの違いを比較し、上のプリンのほうが大きいと錯覚してしまっているのです。では、仕掛けがわかったうえでもう一度同じ絵を見てみてください。同じ大きさに見えるでしょうか。これがまさに脳の機能の1つで、頭でわかっていても「違って」見えてしまうのです。

これと同じケースは職場でも起こりえます。

たとえば、職場で年齢が近い同僚と「違い」だけを取り、「あいつのほうができる／できない」と判断することはないでしょうか。これも結果という「部分」だけを見て、自分との「違い」を比較していることなのです。

3 過去とつなげて取る

あなたに1つ質問です。

ある言葉の不自由な人が歯ブラシを購入しようとしています。

彼は歯を磨くジェスチャーをして、店員にうまく伝えることができたので、目的の歯ブラシを買えました。

次にある目の見えない人が、自分の目を隠すためにサングラスを買おうとしています。さて、彼はどんなふうに表現をすれば、サングラスを買うことができると思いますか？

この問題のトリックは、（脳が無意識のうちに）2つ目の問いの前提条件に1つ目の「口が利けない」を入れてしまっていることにあります。よって答えは「サングラスを下さいと言う」です。

お店にきた二人は別人であるにも関らず、勝手に「過去とつなげて」考えてしまうのが、脳の認識のクセであり、やっかいなところなのです。

4 境界線を引く

人間の脳は境界線のないものは知覚できません。「間」を絵で表現して下さいと言われたら、描くことができるでしょうか。物体のように境界線のあるものは五感覚を通して認識しやすく、逆に境界線のない世界は認識しづらいのが脳の特徴です。

日本には間の文化がありますので、話の「間合い」など境界線のない世界を取り入れたレベルの高い文明だと感じていますが、脳が何かを認識する際には、パッと見て部分だけをとり、違いだけをとって、過去のイメージとつなげたうえで、境界線を引いてとるクセがあります。

以上のように脳の4つのクセを理解すると、人間関係の観方も変わってきます。

ちなみに、成功している有名経営者には結婚して外国人のパートナーをもらっている人が多いという話がありますが、この話と人間関係をうまくつくれる人の共通点はどこにあるかわかるでしょうか？

答えは、人との違いを楽しめているという点です。

どうしても日本人同士の関係だと「これぐらいはわかっているだろう」「夫（妻）も同じ考えのはず」と無意識に同一視する傾向があります。それに対して外国人との結婚生活をうまく送れている人は、最初から相手は自分と違う考えや価値観、判断基準を持っていることを前提にしています。

むしろ、自分とはまったく違う発想や受け取り方を「おもしろい」と、素直に感じています。自分との違いに腹を立てるのではなく、違いを楽しんでいるのです。

自分の意見と相手が違っていても「わかってくれない」と不平不満を言うのではなく「そう思うんだ！」と新たな発見をした感覚なのです。

脳が見つける「違い」を自分との対立ととらえるか、別の可能性ととらえるかで、まったく世界が違ってきます。もちろん、違いを見つけてしまうのは誰もが持っている脳のクセなので、それはそのままで構いません。

ただ、**脳のクセを理解していると、「脳がまた部分だけ扱っているんだ」と冷静に自分の思考を観察できるようになります。**

すると、自分自身の考え方を客観的にみる姿勢が養われ、次第にただ自分の脳が反応しているだけだと実感できるようになります。

自分の脳が「部分だけ」を取って思い込みの星座をつくったり、相手との「違いだけ」をみて比較し、嫉妬する心があれば「また脳が勝手に違いだけとっているんだ」

と冷静に観察し、脳のクセだと確認してみてください。それが明確にわかれば、自然とその感情から離れていくことができます。そして全体が客観的にみえるようになります。

こうしたイメージ・トレーニングを通してものごとを俯瞰《ふかん》できると、徐々に自分の考えや思考のパターンを観察できるようになってきます。自分の思い込みから抜け出し、客観的に「ありのまま」をみることができるのです。

判断基準の特徴と脳のクセを理解して観察することで、人間共通のパターンから抜け出すことができると、潜在意識から湧いてきた自分の考えにいちいちとらわれなくなり、そのぶん選択の自由度が広まります。

潜在意識のパターンを変えることができれば、そこから生じる言葉や行動も変化し、最終的に相手が自分に対して持つイメージも変えられるのです。

都合のいい解釈は、「脳の手抜き」が原因だった

◆人間関係をこじらせる「思い込み」の力

脳はとても高度なメカニズムを持っていますが、優秀であるがゆえにコミュニケーションの場面では「不都合」なことも引き起こします。同じ状況で同じものを見ていても、人によって「見え方」「感じ方」がまったく違ってしまうことがあるのです。

そうした特性の一つに「認知バイアス」というものがあります。

たとえば、こんな経験はありませんか。

メディアで「美味しい」と評判のパンケーキA店があり、さっそく食べに行ったところ、その近くに別のパンケーキB店がオープンしていて行列ができています。

お目当てだったA店は行列もなく、店員さんは暇そうな様子。すると、脳のなかではこんなイメージが沸き起こってきます。

(おや? もしかしたら行きたかったお店は、本当はそれほど美味しくないのかな……。そうか! きっと新しくできたお店のほうが美味しいからあれだけの行列ができているんだ)

そうして、元々行くはずだったA店をやめて、新しくできたB店の行列に1時間並んで、ようやくパンケーキを食べるのですが、肝心の味はイマイチ。けれども、そこで自分の選択を誤りだったとは脳は認めたくないので、こんなふうに考えます。

(いや、これだけ行列ができているんだから、B店のほうが美味しいはず。きっと元々行きたかったA店は、ここよりも味が落ちてるんだ)

これは「バンドワゴン効果」と呼ばれ、実際の味の違いを確認したわけでもないのに、自分の選択の正しさを「行列ができているから美味しいはず」という思い込みで補強しているのです。

それぞれの思い込みによって、目の前の事実の一部分だけを切り取り、自分に都合のいいように解釈して、「やっぱり思ったとおりだった！」と自分を納得させる。これは、言ってしまえば「脳の手抜き」です。

パンケーキの味を自分に都合よく解釈するぐらいなら実害は少ないかもしれませんが、これを人間関係でやってしまうと大変です。

相手の一部分だけを切り取り、過去とつなげて「やっぱりあの人は性格が悪い」「やっぱりあいつが私を陥れたんだ」と思い込むと、必ずどこかで人間関係がこじれてきます。

良好な人間関係を築きたければ、こうした脳のクセをきちんと知ることで、自分自身の脳に騙されないようになることが大事です。

「相手の1%」を見て、人はわかったつもりになる

◆「レッテルを貼る」と本来の姿は見えにくくなる

脳は、相手にレッテルを貼るのも得意です。

この人はこんなタイプの人だというレッテルを貼ることで、その相手とどんなふうに自分が付き合うかをサッと判断してしまいます。

「血液型がB型だからマイペースなんだ」

「すごく強面でケンカも強そうだ」

ちょっとした言葉のやりとりや行動から、いろいろなレッテルを勝手に貼ってしまうことは誰でもあると思います。

しかし、長い付き合いのなかで相手を深く知るようになると、意外にそのレッテルが間違っていることに気づきます。「マイペースのように見えるけど、意外と協調性もあるんだ」「強面だけど、じつはやさしい部分もあるよね」など、何気ない言動から相手に対するイメージが変わる瞬間があるのではないでしょうか。

ただし、出会ったばかりの頃に**一度相手にレッテルを貼ってしまうと、相手の本来の姿をそのまま100%で見れなくなります。**つまり、相手の表面に現れている1%の部分だけを見てコミュニケーションをしてしまうので、99%の潜在意識を深く理解することから遠ざかってしまうのです。

たとえば、「うつ」というレッテル。

ある女性は、ちょっと元気がないときに仲のいい同僚に対して、ランチの席で「わたし、うつかも～」と冗談半分に話したセリフを、たまたま近くの席で耳にした男性社員が本気にしてしまい、「部長、Aさん、うつらしいですよ」と報告されてしまったことがありました。

その部長は、ちょうど父親がうつ病で入院していたので「そうか、うつか……」と深刻に受け止め、その女性の上司を呼び出して「Aさんに厳しく指導していないか?」

とかなり厳しい口調で叱責したそうです。

コミュニケーションは主に「言葉」を使いますが、同じ言語を使う人同士でも、同じ単語から必ず同じイメージが浮かび、同じようなものの見方をするとは限りません。

単語から連想するイメージは、人それぞれバラバラです。

一般的な定義がある程度固まっている単語ならともかく、定義が曖昧の言葉なら、なおさらイメージはバラバラになってしまいます。

ビジネスの世界でよく見聞きする「パワハラ」という言葉も、その一つです。

上司に精神的にいじめられ、人格まで否定されるイメージをする人もいれば、やりたくない仕事を頼まれただけでパワハラだと受け取る人もいるなど、レッテルや名前に対する認識はさまざまだと思います。

有名な話ですが、自動車メーカーの日産をV字回復させたカルロス・ゴーンは日産の立て直しのときに、まず社内で使われている言葉の〝辞書〟をつくったといいます。

たとえば「期末までに利益をこれだけ出すことにコミットメントする」という話をしたときに、日本人は「できるだけ努力する」というイメージでコミットメントという言葉を使っていました。

しかし、ゴーン氏はそれではダメだと強く言ったのです。

「我われがコミットメントと使うときは、それが達成できなければクビが約束される。それぐらいの覚悟でやることを指すのだ」、と。日本人はコミットメントと口で言いながら、達成できなくても何も変わらずそこにいる。それはおかしいのではないか。どれぐらいのレベルで言っている言葉なのかをきちんと共有することで、コミュニケーションのズレを減らし、社内の意志決定スピードを上げたということです。

辞書のように「単語＝イメージ」の内容は人によって違います。

しかし、それを理解したうえで、相手がその言葉をどのようなイメージで話しているのか意識できれば、相互理解を深められるのです。

タクシー運転手の不思議な質問

◆「怖い」と感じてしまう理由とは？

ある日の午後、新橋からタクシーに乗ったときのこと。

私は不意に運転手さんから「お昼はどこで食べましたか？」と質問されました。

突然のことに「？」と思っていながらも答えると、さらに「お昼代はいくらぐらいでしたか？」と聞かれたのです。きっと、みなさんも自分がタクシーに乗って、運転手さんからいきなり「お昼に何を食べていくら使ったか」と聞かれたら「なんで？」と思いますよね。いきなり、そんなプライベートなところまで踏み込んだ質問をされると、不快に感じたり、「怖い」と思ったりするかもしれません。

私も不思議に思ったので「なんで運転手さん、そんな質問をするんですか?」と尋ねると、その運転手さんは1年後に自分のお店を出す予定で、リサーチを兼ねて、毎日、いろんなお客さんの話を聞いていたのです。その瞬間、見える世界が変わりました。そこまで聞けば、ようやく「なるほど」と納得できます。

この話からもわかるように、私たちは相手のアイデンティティーがわからないと、相手のことを警戒します。この運転手さんの場合は、なぜそんな質問をしてくるのかがわからず、気持ち悪さだけが残ってしまうのです。

なぜなら、私たちは「タクシーの運転手さんがお客さんの昼食について詳しく知る必要がある」というイメージを持っていないからです。

しかし、**相手のアイデンティティーがわかると、質問の真意も理解できます。**

自分の店を出すのなら、いろいろなエリアの客層の人が、どこでどんなランチを食べてどれぐらいの金額を使っているかという生の情報は貴重なデータです。私は、そんな発想でタクシーの運転手をしながら、開店の準備をしているこの人のことが面白いなと思い、応援したくなりました。

このケースの場合、相手をどう見るかで、自分が受けるイメージと、そこから生まれるコミュニケーションがまったく違ってくるのがわかります。

つまり、相手のアイデンティティーを正しく認識できなければ、そこからイメージのズレが生まれ、自分の思い込みのまま相手を拒絶したり、わかったつもりになって偏見で突っ走ってしまい、結果的にいい関係をつくれなくなるということなのです。

現に、私が運転手さんに質問の意図を尋ねなければ、運転手さんに対するイメージは「不快」「怖い」などと決してよいものではありませんでした。

しかし、否定的なイメージをいったん脇に置いといて、きちんと理由を尋ねることで運転手さんに対するイメージは一転し、「応援したい」とまで思えるようになったのです。

常識という判断基準は、どのようにつくられるのか

◆常識や法律も「判断基準のピラミッド」の一部

人間関係の問題を解決する際に、個別の事例ごとに解決策を検討していては時間も手間もかかりますが、「人間共通のポイント」が理解できると、どんな相手に対しても、どのような問題に対しても、毎回たった1つのイメージで解決できるようになるので、頭のなかがどんどんシンプルになっていきます。

なかでも私たちが日ごろ当たり前と思っている「常識」という要素は、自分や周りの観点の固定から自由になるためには明確にしておきたい要素です。日本人の潜在意識にありながら曖昧な常識は、どのようにつくられているのでしょうか。

それを6階層に分けて見ていきましょう。

はじめに人間は、自分が認識した物や存在に名前をつけ、その用途、機能、目的、意味を規定しています（存在論・認識論）。そして存在AとBを比較して、自分との関係性で価値を決めます。

コップであれば、飲み物を入れる器ととらえ、ワイングラスとコーヒーカップを比較して、ワイングラスは1200円、コーヒーカップは800円などと価値を規定します。

やがて「バカラのワイングラスは高級ワインを飲むときに使うもの」「湯呑みはお茶を入れるのに使うもの」などとのお約束（約束体系）がつくられ、その約束体系を土台に「湯呑みにコーヒーを入れてお客様に出すべきではない」「ワイングラスにカレーを盛るなんて信じられない」といった「××だったら○○すべき」という因果論を展開するようになります。これが常識のベースです。

この「～して当然」という意識がさらに強まると、それはやがて法律や道徳・秩序となり、その約束を破ると冷たい目で見られる、罰金を科せられるなど、より強い判断基準となって人生に影響を与えるようになってきます。

判断基準は6つの階層から構成される

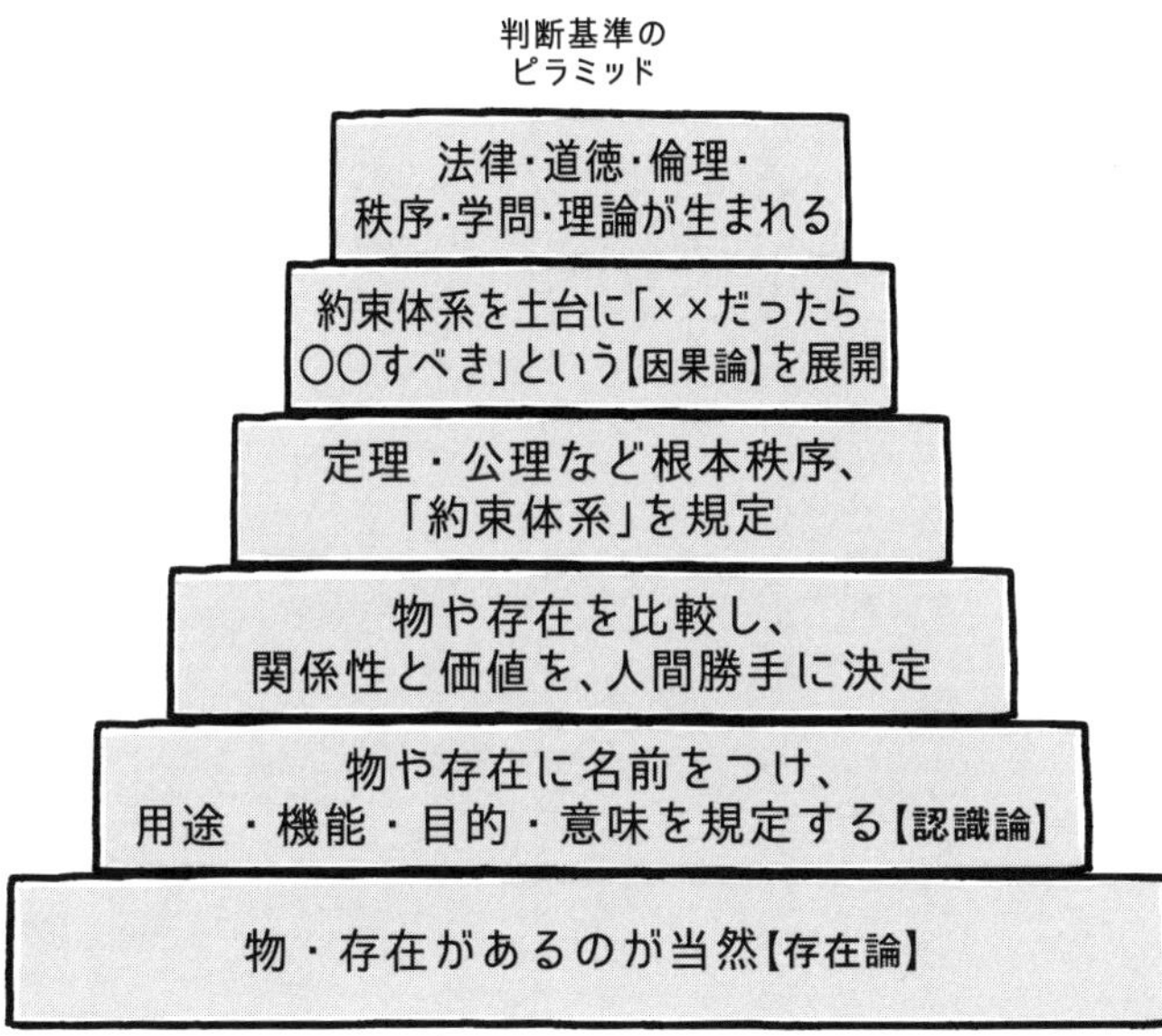
判断基準の
ピラミッド
法律・道徳・倫理・
秩序・学問・理論が生まれる
約束体系を土台に「××だったら
○○すべき」という【因果論】を展開
定理・公理など根本秩序、
「約束体系」を規定
物や存在を比較し、
関係性と価値を、人間勝手に決定
物や存在に名前をつけ、
用途・機能・目的・意味を規定する【認識論】
物・存在があるのが当然【存在論】

世の中の常識やルールは、
6つの階層を経て、つくられていく

この○×判断基準の最終進化系である法律や規則は毎年のように増え、ほとんど減ることがありません。企業でも、「残業は月50時間以上してはいけない」「自宅にパソコンを持って帰って仕事をしてはいけない」といったルールが増える一方です。

この「判断基準のピラミッド」は、より多くの人がその規定や約束、因果論を支持することで上の階層へと進化していきます。

今ではストーカー規制法がありますが、最初にその名前がメディアなどで認知され、やがて「ストーカーはすべきでない」というお約束が世間の常識となり、支持を集め出してからは「ひどいストーカー行為をする人を規制すべきだ」という因果論が正当化され、やがて法案となりました。

このように常識が生まれる背景を理解することは、自分と相手の潜在意識を見る際のカギとなります。生まれ育った時代と国によって、個人の常識がつくられます。「当り前」だと思い込んでいた「常識」も、決して絶対ではないのです。

人間関係に悩むのは、練習量が足りないから

◆6週間続ければ、だいたい習慣化できる

新しい選択をするのは、誰でも不安です。

けれども、ちょっと思い返してみてください。

みなさんも、今までの人生で数々の選択をしてこなかったでしょうか？

「新しいアルバイトをする」「新しい付き合いを始める」「新しい環境に身を置く」「新しい勉強を始める」「新しい道具を使う」。いろいろな新しい選択をして、それがやがて「当たり前の日常」になってこなかったでしょうか。

あとから考えれば、なんであんなに緊張していたんだろうと思うことはいっぱいあ

ると思います。

人間は、新しいことでもだいたい6週間続ければ、習慣化できるようになるといわれています。これは人間関係でもまったく同じことです。

新しいコミュニケーションも1日や2日では自分のものになりません。

先にも述べたように、人間関係をつくっていくには、知って理解する（＝「Ｋｎｏｗ」）、実際にやってみる（＝「Ｄｏ」）、一連の流れを体感する（＝「Ｆｅｅｌ」）、最終的に自分のものにする（＝「Ｉ ａｍ」）というプロセスがあります。

多くの人が人間関係に悩んでいるのは、法則レベルの情報や知識が少なかったから。仕組みを理解しない状態で一生懸命にコミュニケーションし続けても、ウシ子とトラ男のようにズレてしまうだけなのです。

ここまでは脳にまつわる人間共通のメカニズムを解説してきました。

次章からはそのメカニズムを踏まえ、実際にどうすれば潜在意識が変わり、人生が変わるのかをみていきましょう。

第3章

“マスターキー”で自分の潜在意識を開けてみる

本当の自分は、潜在意識のなかにある

◆どんな価値観、どんな判断基準を持っているか

人は生まれたばかりの赤ちゃんの頃は、それほど違いはありません。

ところが20歳ぐらいになると経験した出来事を通して、自分のアイデンティティーを確立し、その人ならではの人生を歩むようになります。

もし今、自分が望む自分自身になれていなければ、どこかで決断したけれど忘れてしまったことが潜在意識に眠っているはずです。

まずは自分のマインドームを理解し、それをどのように変化させたいのか明確にすることです。

潜在意識を活用するために、第3章では自分自身の心の内側（マインドーム）を探ります。自分がどのような価値観を持っていて、その価値観を判断している判断基準（モノサシ）が何なのかを突き止めていきます。

その判断基準を形成した過去を紐解き、自分が無意識のうちに決めてしまっていたアイデンティティーを発見することで、自己認識を変える方法を理解していきます。

本当の自分自身は、普段の自分では気づかない内面を持っているので、順を追って理解を深めていきましょう。

潜在意識を変化させるには、

ステップ1

①自分の言動や思考のパターンを観察する

②パターンの裏に潜む判断基準（マインドーム）を発見する

③その判断基準ができた背景（過去）を知る

ステップ2

④過去を事実と解析に分けて整理する

⑤事実は変化しないので、解析を変化させる
⑥新しいイメージ・アイデンティティーがつくる未来をイメージする

ステップ3

⑦日常で新しいイメージ・アイデンティティーを選択する

という手順を踏むことが大切です。

まずはステップ1を通して自分のなかで無意識になってしまっていることを意識化していきます。次にステップ2で潜在意識を書き換えるための準備をします。判断基準や脳のクセを理解していると、ここはスムーズに進むでしょう。ステップ3で未来の自分を選択することで、目に見える世界を変えていくことができます。

日常で習慣化するコツを覚えたらあとは実践あるのみですが、はじめは自分一人で無意識を意識化させることは困難です。なぜなら、自分一人の観点だけでは意識しづらい領域だからです。

周囲の人の協力も得て少しずつ無意識にやっている行動や習慣を意識化させたり、意識を無意識化させることができれば、潜在意識を変化できるようになります。実践を通して潜在意識を変化させていきましょう。

ステップ1

潜在意識のとびらを開ける

◆潜在意識の入口「判断基準」をみる

自分自身の潜在意識をみていくには、まず「5階層のモデルにそって自己の内面を理解する」ことが必要になります。これはできれば毎日、日記のようにノートに書き出していくのがおすすめです。

①自分の言動や思考のパターンを観察する

職場や家庭で、よく口にしている口癖はないでしょうか。同僚や家族の方に聞いてみると意外な自分の言動を発見できるかもしれません。自分は普段、どのような考え方をしていて、問題が起きるとどのような解決策をとっているのか。自分の言動を観察して、頻繁に現れる行動や思考のパターンを見つけてみましょう。

また一人でいるときの気分、誰かと話しているときの心の変化など、基本的な感情（基本情緒）も観察してみてください。一人で見つけるのが難しければ、相手に「自分の雰囲気がどのように映っているのか」を尋ねてみるのもよいでしょう。

②パターンの裏に潜む判断基準（マインドーム）を発見する

自分の言動や思考のパターン、基本情緒が理解できるようになってきたら、次は価値観です。正確には、価値を判断している基準を見つけてみましょう。人生は無数の選択の積み重ねですが、その選択や判断をする際の判断基準（モノサシ）が何なのかを理解することが、自分自身を知る重要なステップになります。

ランチに何を食べるか決めるときの基準は何でしょうか。

人と会うときに気を付けていることはありませんか。

仕事を進めるうえでこだわっているポイントは何でしょうか。

上司に怒られたときに相手のことをどう判断しているでしょうか。

ステップ1　潜在意識をみる

行動・言葉・表情 思考・感情

①自分の言動や思考のパターンを観察する

口癖
「～するのは難しい」
「～できない」
「多分大丈夫です」
「なんとかなると思います」

思考
「失敗やリスクが先に頭に浮かぶ」
「成功やチャンスのイメージしか出てこない」

イメージ

②パターンの裏に潜む判断基準（マインドーム）を発見する

- 人と会うときに気になることは？
  ex）相手が自分に興味があるかないかが気になってしまう
- 仕事を進めるときにこだわっているポイントは？
  ex）とにかく効率性をいちばん

アイデンティティー

③その判断基準ができた背景（過去）を知る

幼少期の家庭環境が原因？
親から叱られたこと？
恋人や友人とのトラブル？
学校での出来事？
自分が住んでいた地域の風習？
病気やケガからの教訓？

5階層のモデルにそって自己の内面を理解する
（59ページ参照）

子どもが言うことを聞かないとき、どんな価値観にそって行動しているでしょうか。
これらの視点を参考に、日々の生活のなかで自分が何を基準に選択し、判断しているのか（判断基準）を発見してみてください。

判断基準は、○×、善悪、好き嫌い、やっていいダメなど、意志決定する際に無意識に影響を及ぼしているモノサシです。

とくに頻繁に現れる判断基準は、あなたの人生に大きな影響を与えている可能性があります。毎日、いろいろな判断基準をノートに書き留めるうちに、似ているキーワードが何度も出てくるかもしれません。それはきっと、あなたの心の家の大黒柱になっているマインドーム（根本判断基準）でしょう。

そのマインドームを中心に、自分がどのような価値観を持って、どういった行動を蓄積し、どんな人間関係を築いているのか確認してみてください。何が自分の可能性の範囲を決めているのか見えてくれば、その影響力の大きさに驚くことでしょう。

③その判断基準ができた背景（過去）を知る

自分の可能性の範囲を決めているマインドーム（根本判断基準）を発見できたら、

それがどのようにつくられたのかを見ていきます。

強いショックを受けた事件や出来事は、覚えているケースが多いと思います。幼少期の家庭環境、思春期に学校であったこと、恋人や親友との間で起こったトラブルなど、何をきっかけにそう思うようになったのか、ゆっくりと思い出しましょう。

一方、両親の考えや育った地域での常識など、自分が知らないうちにつくられた判断基準もあることでしょう。覚えていない場合は、直接家族や親戚、当時の友達などに聞いてみてください。

自分の歴史を振り返るなかで、いつも抱いていた自分自身に対するイメージが何だったのかを注意深く観察してみてください。

それこそが、あなたの潜在意識に眠っているアイデンティティーなのです。

こうして見えてきた潜在意識が、自分の仕事や日常生活にどのような影響を与えているのか、1つの例をご紹介しましょう。

ステップ1

人は無意識に自分の中身を投影している

◆なぜその女性は3回連続でセクハラされたのか?

ある女性が社内でセクハラをされて、別の部署に異動したことがありました。

その女性は異動先の部署でしばらくは順調に仕事をしていたのですが、ある日の飲み会で部長に無理やり肩を抱かれ「上司にセクハラをされたから、ほかの部署に移してほしい」と言い出しました。

人事担当者は「またか」と思いながらも女性の要望を受け入れたのですが、半年後に、またセクハラを受けたというメールをもらいました。

人事担当者は同じことが続くので、彼女以外の人からも意見を聞く必要があると判断し、各部署で聞き取り調査を重ねました。

すると、彼女が上司や部長を誘惑していたという証言を得たのです。

事実確認をしようとその女性社員と面談したところ、彼女は、

「私は誰も誘惑していません」

「向こうが勝手に手を出してくるんです！」

と頑なに主張します。

さて、あなたが人事担当者だったら、このケースをどう判断するでしょうか？


人間の特徴として、自分の内側にあるもの、つまり潜在意識を相手に投影してしまうという現象があります。**プロジェクターのように、相手に自分の中身が映し出されるので「プロジェクターの法則」**と呼んでいます。

みなさんも経験があるかもしれません。

思春期に、男の子なら自分の父親が何となく許せなくて嫌いに感じたり、女の子なら同じように自分の母親を見てなぜかイライラしてしまうのです。

こうした現象も、まさに「プロジェクターの法則」。

自分でも嫌いな自分の性格が、親の言動、考えや価値観に映し出されてしまうので、それを見てしまうとイライラしてしまいます。

つまり、**相手のイヤだなと思う部分を自分も持っていることが無意識にわかってしまうため、自分にも相手にも腹が立ってしまう**わけです。

この女性の場合は、潜在意識に「父親に愛してもらえなかった」というイメージが潜んでいました。父親は商社マンで海外出張が多く、ほとんど家にはいなかったといいます。

そして思春期を迎えた頃、高校で男の先生と仲良くなれたのをきっかけに、「こうすれば年上の男性に好かれるんだ」という成功体験を蓄積していました。

それが〝スキンシップをとること〟だったのです。

ヒアリングをした同僚らによると「彼女はいつも部長とベタベタしてて、自分から相手を誘っているようにしか見えなかった」と言います。

本人にそのつもりはなかったのですが、いつしか「父親に愛されたい」という願いと「こうすれば好かれる」という成功体験が潜在化してしまい、自分でも気づかぬう

プロジェクターの法則

ポイント
・現実＝自分が認識している画面（認識画面）
・過去を現在に投影している

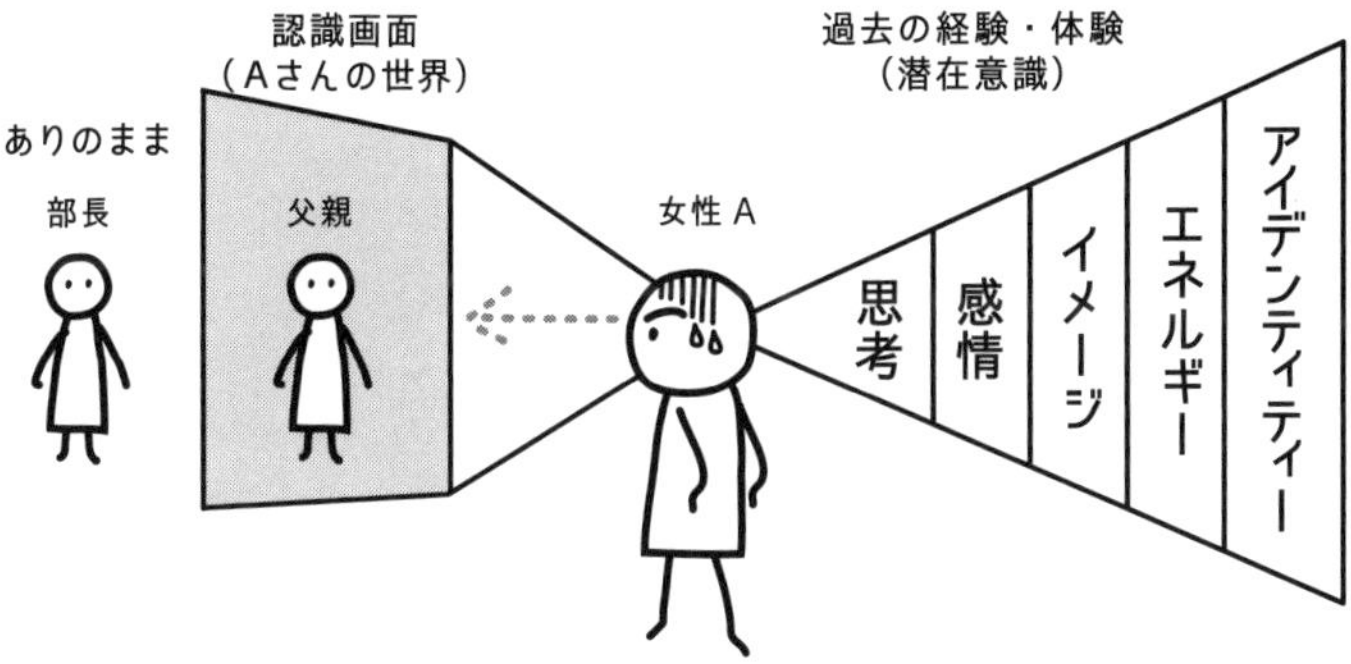

＜女性にまつわる背景＞

・父親に愛されたかったけど、愛してもらえなかった
・女性の成功体験＝"スキンシップをする"と年上の男性に好かれる
・「父親に愛されたい」＝「こうすれば好かれる」が潜在化
父親ぐらいの年代の男性とコミュニケーションを取るときに
過度なスキンシップをすることが習慣になる

人はありのままの世界を見ずに、自分の
潜在意識を投影して相手のことを見ている

ちに父親ぐらいの年代の男性とコミュニケーションをとるときに、肩に触れたり腕をつかんだりすることが習慣になっていたのです。

セクハラをされたと訴えられた部長には「スキンシップを求めてくる女性」と認識されていたのです。

潜在意識のなかには、人それぞれの経験、体験から蓄積されたイメージがあり、昔叶わなかった願いを別の相手に投影していたり、昔の家庭環境や関係性を今の職場の人間関係に映し出していたりします。

前述した女性も同じです。

自分の上司を「父親役」にして、自分の過去を現在に投影していました。目の前の現実を変えるには、まず自分の潜在意識が何を投影しているのかを自覚することが必要なのです。

ステップ1

ありのままに見ると、「関わり方」も変わってくる

◆敵も味方もつくり出すのは、「あなた次第」

自分の見える世界が敵ばかりだと、毎日がイヤなものになってしまいますよね。でも、**本当に自分の周囲には自分を苦しめるものしか存在しないのでしょうか。**

ある企業に勤める27歳の男性のケースです。

彼は子どもの頃、父親にひどい暴力をふるわれていました。いわゆるDV（虐待）です。両親は離婚し、認知症の祖父もいたため母親がヒステリックだったといいます。

子どもだった彼は母親の不満のはけ口になっていましたが、我慢するしかありません。なぜなら、母親をそうさせたのは父親だとわかっていたからです。

そのため彼のなかには、年上の男性は自分に災厄をもたらす存在というイメージが強く支配するようになりました。会社の「おじさん」はみんな敵。年上の男性は、みんな自分を攻撃してくる人というイメージで見ていたのです。

部署では自分よりも年齢が一回り上の上司がいましたが、会社でイヤなことがあると、すべてがその上司のせいだとしか思えない。だんだん、その上司のせいで会社に行きたくないと思うようになっていったのです。

上司はなにかと彼に仕事を振ったり、プレッシャーのかかることばかりを言うのですが、すべてイヤがらせにしか思えない。自分の父親がそうだったように、自分を何かのはけ口にしていると思っていました。

しかし、客観的に見た場合、上司は彼の有能さを買っていて、いずれもっと上のポジションに昇進させたいと「彼を育てていた」のです。

それにも関わらず、彼の潜在意識は自分の昔からのイメージを投影していたために、相手のことを敵としてしか見れなくなっていました。

思い込みを変えるには、自分の認識を変える必要があります。

たとえば、**目の前にあるものをありのままに見ることです。**

彼の上司は、彼の父親ではない。

ありのままに見るというのは、そういうことです。

〝思い込みのメガネ〟を外して、きちんと自分の目で見る。そうすると、上司がやってくれていたことは、どれも自分のキャリアにプラスになることばかりでした。

上司の上の役員も、間接的ですが、彼を応援してくれる存在だったのです。

自分の世界に対する見方を変えると、関わり方も変わってきます。相手が敵ではなく味方だと認識できれば、どんなことも素直に受け取れます。

その後、彼は幹部候補生として選抜され、会社の費用で海外留学までさせてもらえました。もし、彼があのまま周囲を敵だと認識し続けていれば、きっと上司の応援も素直に受け取れず、キャリアも違ったものになっていたことでしょう。

自分の認識が思い込みで固定されると、本当の人間関係は築けません。

もっと言えば、**あなたの周りの敵も味方もあなたがつくりだしています。**

潜在意識を通して、あなたが世界をどのように見て、どんな関わり方をしているか。

すべてあなたが自分で選択し、その通りの結果になっているわけです。

ステップ2

過去とのつながりを知る

◆いつ頃の経験が、今の自分をつくっているのか？

自分がいちばん重きを置いているマインドーム（根本判断基準）が見つかると、普段の生活でそのモノサシが働いていることを自覚できるようになります。

プロジェクターのように、私たちは過去のイメージを現在の人間関係に投影していたり（過去＝現在）、将来のことを思い描くときにも無意識に「現在の判断基準」をベースに未来をイメージしています（現在＝未来）。

そのため「未来＝現在＝過去」ということができます。マインドームが人生の可能性の範囲を決めているというのは、こういうことなのです。

④過去を事実と解析に分けて整理する

ステップ2では「過去＝現在＝未来に対する自分の認識を変化させる」ことを進めていきます。そのためにも、ステップ1の③で自分の判断基準ができた背景を知る必要がありました。

たとえば、家庭環境や両親との関係を通して形成された判断基準が中心となっている場合は、両親との関係を見直すことで、過去を「事実」と「解析」に分けていきます。

7歳で両親が離婚して片方に引き取られた場合なら、そのときの自分の気持ちや言えなかったこと、離婚をどういうふうに受け止めたかを思い出していきます。

両親が離婚したということは事実ですが、その出来事を「どう解析したのか」がここでは重要です。

⑤事実は変化しないので、解析を変化させる

次は、そのときの自分自身の思いを客観視してみましょう。

この作業をするときは、ノートに自分と相手などを絵で描き、それぞれの人物に吹き出しを付けるようなイメージで、当時の「自分の考え、感情、イメージ」と「相手

の考え、感情、イメージ」を記入してみてください。

自分の気持ちや感情は思い出すことができるかもしれませんが、相手の考えやイメージはどうでしょうか。自分の観点だけに固定されず、そのときの相手の立場にも立ってイメージしてみましょう。

先の例で言えば、両親が離婚したときに母親はどういう気持ちだったのか、父親は何を考えてその決断をしたのか。それぞれが努力していたことは何か、どこですれ違い、どんな感情が蓄積されていたのかなどを、思いつく限り書き出してみてください。

この作業を進めるときは、相手がどのような環境で暮らしていたのか、どのような状況におかれていたのか、その人の背景にあった要素もできる限り書いてみましょう。

いかがですか。

当時の幼かった自分には見えていなかった風景が浮かんできたでしょうか。

母親の世界（認識画面）には、それがどのように映っていたのか、父親の認識ではどのように解釈していたのか、それぞれの観点に立って、あのときの状況を思い起こすことで、認識が変わる瞬間があれば成功です。

ステップ2　認識を変える

④過去を事実と解析に分けて整理する

過去の経験・体験（自分の認識）

事実 ＋ **解析**

↓

過去＝現在＝未来を決める
マインドーム（根本判断基準）

⑤事実は変化しないので、解析を変化させる

過去につくられた
判断基準に対する認識が変わると、
現在の判断基準も変化する。

過去＝現在＝未来に対する
自分の認識を変化させる

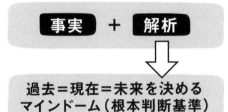

ポイントは、個人の表情、言葉、行動だけを見るのではなく、**相手の思考、感情、イメージ、エネルギー、アイデンティティー（自分自身をどう思うか）に注目すること**です。

また、そのときの環境や状況など、その人をそうさせてしまった背景や場が何だったのかも理解できると、より認識の変化につながりやすくなるでしょう。

ステップ2

「魚」が悪いのか、「海」が悪いのか？

◆「結果」だけではなく、「原因」にも目を向ける

自分自身の潜在意識が現実をつくりだしているわけですが、なかには自分でつくった覚えもないのに「なぜ私がこんな目に遭わなければならないのか」と感じることも多々あるかと思います。しかし、**現象や結果にちゃんと原因があるように、理不尽に思える出来事も、じつは潜在意識のなかに、その原因がある**のです。

個人の性格や価値観、判断基準は家庭環境をベースにつくられますが、家庭環境はさらにその時代や社会の常識、ルールに影響を受けています。

つまり、すべてがその時代の「場や環境」の影響を受けているのです。

海が石油にまみれれば、魚は生きていけません。土壌に栄養がなければ、健康な植物は育ちません。どんな生き物も植物も「場の状態」に影響を受けていて、それは私たち人間も同じなのです。ところが、現代社会は、「場」（海や土壌）を見ずに、「個人」（魚や植物）の状態だけにフォーカスする傾向があります。

たとえば、メンタル不調の原因は、職場の人間関係や風土という「場」にあるかもしれないのに、多くの人は個人の性格や努力不足が問題であるかのように言います。就職が決まらないのも、労働市場や景気が関係しているのに、個人の能力不足のように扱います。犯罪を犯した背景には生まれや成育環境などの影響も大きいのに、当事者だけの問題として報道されています。

海と魚、土と植物が関係しているように、場と個人は切っても切り離せない関係です。因果関係を「海が原因」「魚が結果」と見立てるのであれば、魚の状態だけに注目するのではなく、その**結果を生み出している背景にも目を向けることが、これからの時代には大切な視点**なのです。

原因と結果の関係

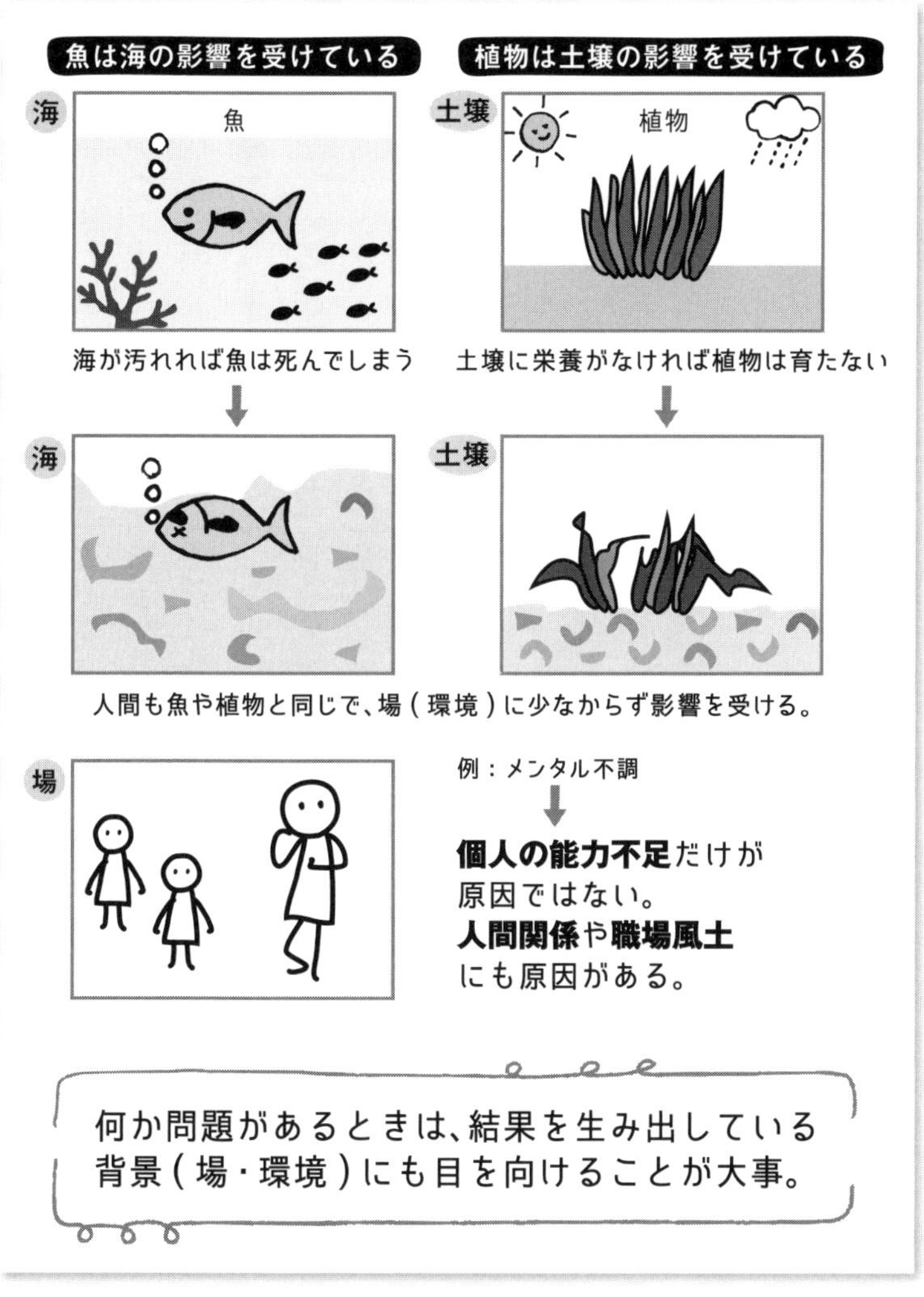
魚は海の影響を受けている
海
魚
海が汚れれば魚は死んでしまう
海
植物は土壌の影響を受けている
土壌
植物
土壌に栄養がなければ植物は育たない
土壌
人間も魚や植物と同じで、場（環境）に少なからず影響を受ける。
場
例：メンタル不調
個人の能力不足だけが
原因ではない。
人間関係や職場風土
にも原因がある。
何か問題があるときは、結果を生み出している
背景（場・環境）にも目を向けることが大事。

ちなみに、動物や植物は海や土壌などの環境に１００％左右されますが、人間だけは、自らの意思で環境や場を変えることができる生命体です。今の地球環境をみれば、人間の影響力の大きさをイメージできるのではないでしょうか。

自分のいる環境を悪い方向に変えることもできれば、よい方向に変えることもできるのが人間です。

人生のあらゆる結果を生み出しているのは場と自分自身です。環境に左右されて生きる動物の生き方ではなく、自らの意思で環境や場を変えられる人間の生き方を選ぶならば、周りや環境の責任だけにせず、自分にも力があり、結果に対する責任があるのだということを自覚しながら生きる必要があります。

そのためにも「自分自身の潜在意識」が、この現実（認識画面）に何を投影しているのかを理解するために、その潜在意識がつくられた海（背景や原因）を見ていくステップ１・２をしっかり続けてみてください。

ステップ2

「自分の正義」を違う視点でとらえる

◆「当時の自分の気持ち」を今どう見るか

世の中には小さな人間関係から、組織と組織、国と国との大きなものまで、さまざまなスケールの人間関係があります。そして、その当事者には、それぞれの信念や正義があり、お互いに信念や正義を共有できないために「衝突」が起こります。

自分が認められないことに怒ったり、嘆いたりしている人に「なぜ、そうなってしまうのですか？」と質問をしても、きっとその理由と解決策はわからないでしょう。

なぜなら、**自分がなぜそういった信念や正義を持っているのか、自分自身の潜在意識にアプローチしていないから**です。

たとえば、38度の熱が出ても「仕事を休むべきではない」という考え方の人もいれば「とんでもない！　仕事を休んだほうがいい」という考え方の人もいます。

どちらが正しいということはありません。どちらも、「自分の正義」があるからです。

お互いに、相手が自分の正義に反することを強要するのは許せないでしょうし、自分が正しいと思ったことをやり通せないのはフラストレーションが募ります。

そのため不満を溜め込んだままになるから人間関係がギクシャクするのです。

では、どうすれば、解決とまではいかなくても、せめて「イヤな気持ち」にならずに済むでしょうか。

まずは、自分自身の潜在意識の中身を見てみましょう。

38度の熱が出ても仕事を休むべきではないという正義は、どんな判断基準のうえにつくられたものなのかを見るのです。

たとえば、子どもの頃に、父親がどんなに体調が悪くても仕事を休まず、そのことを誇りにしていたのかもしれません。もしくは、少しの熱で仕事を休む部下を厳しく叱っていた話を聞かされ、「体の弱い人間は下に見られる」という判断基準がつくられたのかもしれません。

「たいした熱じゃないから」と仕事に出かけた母親が、職場で倒れて入院し、じつはウイルス性の重い病気だったことで「体の症状を甘く見る人は許せない」という判断基準がつくられたのかもしれません。

そう考えると、みんながそれぞれ自分の正義を持っていることがわかります。

表面上の言動だけを見ていると、「単なる、その人の考え」にしか見られないものが、潜在意識を開くと「それなりの理由」があることが見えてくるのです。

それにも関わらず、**多くの人が自分のマインドームから出ずに、相手の表面だけを見て、自分の潜在的な価値観や判断基準とだけ照らし合わせて「許せない」という感情を持ってしまっています。**

ここで重要なのが、自分の判断基準をあらためて見直してみることです。

ステップ1では、自分自身の潜在意識を変えるために①〜③の潜在意識の意識化を行ってきました。

次に必要なのは、④の過去を事実と解析に分けて整理することです。

父の背中をみて判断基準をつくっていた場合なら「体の弱い人間は下に見られる」というのは、「すべての人間に等しく当てはまる事実」なのか「自分がそのとき、そう感じたという解析」なのかを考えてみるのです。

先ほど書きだしたノートをあらためて見直してみましょう。

自分の判断基準がどこから来たのかまで整理できたら、そのとき起こった出来事（事実）と、そのときの自分がどう思っていたのか（解析・解釈）をじっくり眺めてみてください。「当時の自分の気持ち」を見ている今のあなたは、それを見てどのように感じているでしょうか。

これが⑤の「事実は変化しないので、解析を変化させる」という点につながります。そのとき、その状況では、そう感じたかもしれませんが、今の自分から見るとどのように映るのか。ここでもし違う視点でとらえられたら次に進めます。

今でも同じように感じる場合は変化につながらないので、外の観点を取り入れる意味でも、親しい友人や家族に話を聞いてみてください。

とくに、あなたのことを応援してくれている人や信頼できる人の観点が参考になるでしょう。

ステップ3

「選択と決断」が幸せな未来をもたらす

◆どんな人生になりそうかをイメージする

ステップ1で自分の可能性の範囲を決定しているマインドームを発見し、その判断基準が生まれた背景を理解することができました。ステップ2では過去を事実と解析に分けて整理したうえで、認識を変える方法をみてきました。

認識が変わると、これまでの判断基準にとらわれなくなり、選択の自由度が増えていきます。とはいっても数十年も使ってきたモノサシなので、自動的に無意識がまた同じモノサシを使って勝手に判断してしまいます。クセはすぐには直りませんので、少しずつ習慣を変えるように、認識の習慣を変えていくことが必要です。

認識の変化を通して、古い判断基準を次第に手放せるようになってきたら、次のステップ3では「新しい自分をイメージし、未来の自分になって出発する」準備を進めていきましょう。

⑥新しいイメージ・アイデンティティーがつくる未来をイメージする

まずは「完璧主義」や「人間不信」など、変えたいと願っている古い判断基準を持ったままだと、どんな人間関係が築かれるのかをイメージします。最悪の場合、どうなってしまうのか、より具体的にイメージしてみてください。

アイデンティティーの場合も同じで、「私は周りを不幸にする存在」など、古いアイデンティティーを持ったままの状態だと、どんな人生になりそうか（できれば最悪のケース）を想像してみてください。

次に、自分が「こうありたい！」と願う新しい判断基準やアイデンティティーをセッティングします。その新しい判断基準やアイデンティティーで人間関係を築いたら、どんな未来が訪れるのか、現実がどのように変わっていくのかをイメージしてみてください。今度はバラ色の未来や理想の姿を思いっきり楽しみましょう。

ステップ3　未来を選択する

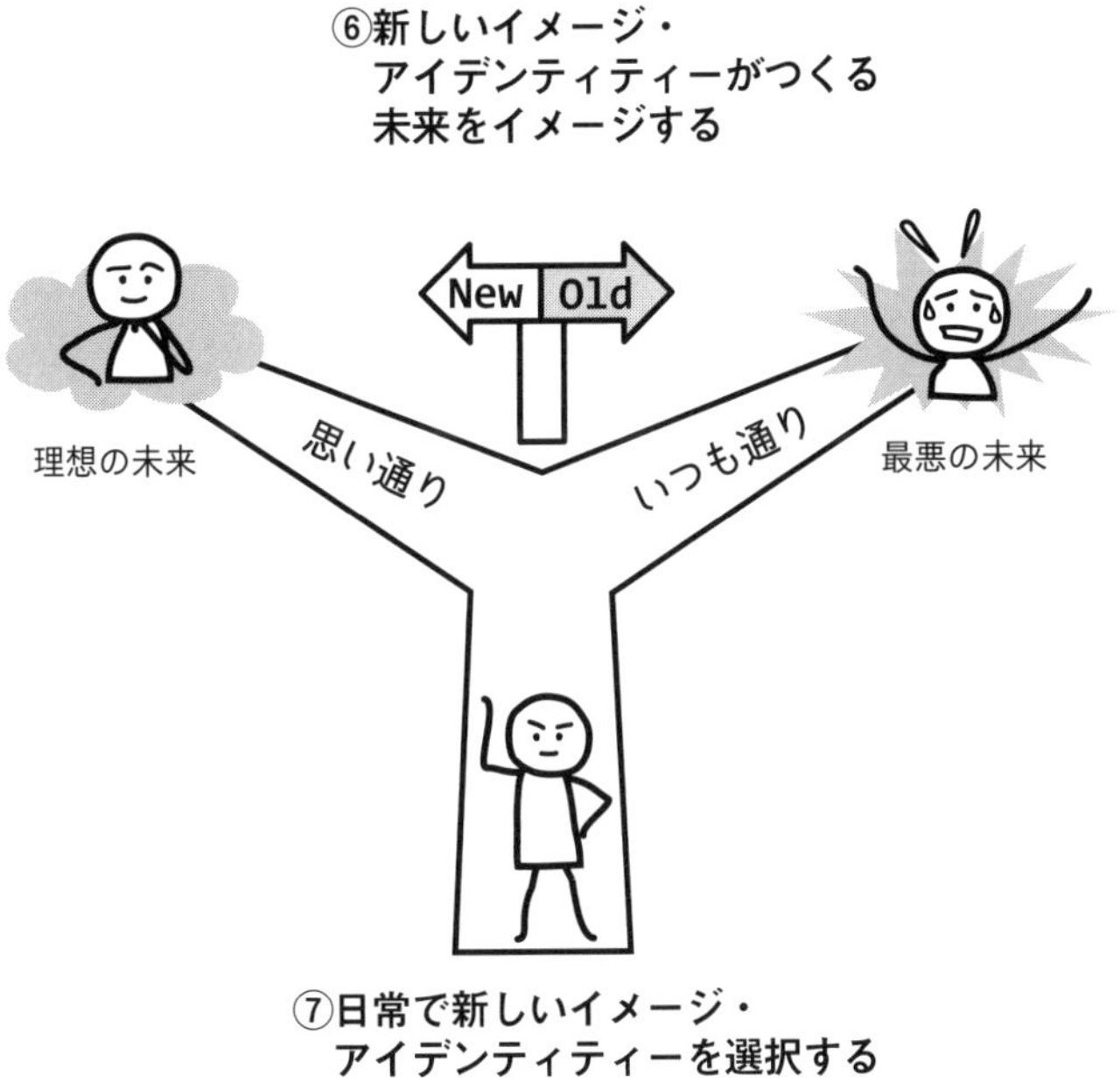

新しい自分をイメージし、
未来の自分になって出発する

⑦日常で新しいイメージ・アイデンティティーを選択する

最後にやる作業は「選択と決断」です。古いイメージとアイデンティティーがつくる最悪の未来にしたいのか、新しいイメージとアイデンティティーがもたらす幸せな未来にしたいのか、熟慮したうえで決断してください。

あとは、日常生活や仕事のなかで「古い判断基準やアイデンティティー」が現れた瞬間が勝負のタイミングです。「今、自分はどちらを選択しているのだろうか？」と自問しながら、それが最悪の未来につながるものであれば放棄（STOP）し、新しい未来をもたらすほうを選択（START）してください。STOP／STARTの蓄積が習慣を変え、意識してやっていたことがやがて無意識にできるようになるでしょう。

できれば、身近な人にここまでの内容をシェアして、古いモノサシが出た瞬間に現行犯逮捕をしてもらうとよいでしょう。自分のことを客観的に見れる観点を持っている人が、いちばんの協力者となるはずです。

ステップ3

想像はリスクではない。だからこそイメージしよう

◆「今のままでいい」という選択はただの言い訳

自分の潜在意識を変える方法はわかったけれど、⑥「新しいイメージ・アイデンティティーがつくる未来をイメージする」でつまずいてしまう人もいます。

私の先輩にこんなケースの方がいました。

Aさんは有名な近江商人の三女として生まれました。Aさんが生まれる前、お祖父さんはどうしても跡継ぎの男の子が欲しいと願っていましたが、最初に産まれたのが女の子、次に産まれたのも女の子で、三人目は「絶対男の子でありますように！」と神にも祈る気持ちで願って産まれてきたのがAさんでした。

跡継ぎになる男の子を心待ちにしていたお祖父さんはショックのあまり倒れてしまい、そのまま息を引き取ってしまいました。

Aさんに当時の記憶はありませんが、母親から「あんたが生まれてきたときに、女の子だったからお祖父さんがショック死したのよ」と言われ、Aさんは無意識に「私が生まれてきたからお祖父さんが死んだんだ」と解釈し、「自分は生まれてきてはいけなかった人間なんだ」「私がいると家族が不幸になる」と思い込むようになっていきました。

そこからAさんは「自分は存在してはいけない人間」というアイデンティティーを持ち続け、自分の存在を無意識に否定しながら人生を送るようになってしまったのです。

自分のアイデンティティーに、「生まれてはいけなかった」というイメージを持ってしまうと、自分をオープンにできなくなります。**本当は「自分が存在するだけで、周りがみんな不幸になる」なんてことはないのです**が、それぐらい自分の潜在意識は強烈な体験から学んだ解釈（思い込み）を事実として記憶し、それを人生のルールにしてしまいます。

Aさんは、自分でつくった思い込みに強く縛られています。

では一体どうすれば、そんな自分から脱することができるのでしょうか。

ここで必要なのは、自分であらためて選択し直すことです。

どちらのアイデンティティーを選択したほうが、自分がよりよい状態になれるのかを想像してみることです。

実際、Aさんは「自分は存在してもいい人間だ」という新しいアイデンティティーをイメージすることで、強い自己否定はなくなり自己肯定感にあふれる魅力的な人へと変わりました。

自分の考え方や基本情緒、判断基準やアイデンティティーなど、5階層の中身を把握することができたら、次は「どんな自分自身になりたいのか？」を想像してみてください。

このままの自分ならどんな未来が待っているのか。

自分の選択を変えた場合はどんな未来になるのか。

想像するのは何もリスクではありません。

ただし、**今のままでいいという選択は、たいていの場合「これまでの言い訳が使えなくなる」ことへの恐れがそうさせています。**

「こんなイヤな経験をしているからこれができない」と過去の出来事を言い訳にしている限り、新しいことをしなくて済むという選択を自分でし、周りから「仕方ないね」と言われることで、共感してもらいたいという潜在意識が働いているのです。

⑦の「日常で新しいイメージ・アイデンティティーを選択する」ことができるようになると、あなた自身の人生が劇的に変わってきます。

こうなりたいと願うアイデンティティーを選択することで、どんな未来が開けるのか、自分の人生がどのように変化するのかを具体的にイメージしてください。

そのイメージができても、新しいことにチャレンジするには勇気がいるかもしれません。そんなときは、このワークを通して気づいたことを身近な人に共有して、その人に「また古いイメージとアイデンティティーを選択しているよ」と気づかせてもらうことで、一歩前に進むエネルギーをもらえることでしょう。理解ができたら実践することが、本物の変化をつくるカギなのです。

ステップ3

相手をどう見るかは、その人の「観点」で大きく違う

◆意味も価値も見方次第

ここまでを通して、マインドームからくる自己イメージが自分自身の人生に大きな影響を与えていることを見てきました。このように、**アイデンティティーや判断基準からつくられたものの観方（認識の仕方）のことを「観点」といいます。**

「観点」と「思考回路」はセットにすると理解しやすくなります。１４５ページの図を見るとわかるように、観点とは「考えの出発点」と、とらえることができます。

その観点から出発した考えが「思考回路」を走っていくのですが、どこに出発点を置くかによって発想やとらえ方、次に浮かぶイメージまでが変わってきます。

たとえば、「女子大生」をみるときに、エンジニアが欲しい人事が「採用」の観点から見た場合は、理工系の大学を卒業しているか、リーダー経験はあるかなどで「採用・不採用」を決めます。あるいは、化粧品メーカーが「マーケティング」の観点から見ると、どこの化粧品を使っていて、いくらぐらいなら買ってもらえるかを知りたい「インタビュー対象」として映ります。

観点が違うと同じ人物であっても「選考の対象外（会う価値がない人）」と「インタビュー対象（会う価値がある人）」というほどに、意味や価値が変化します。その対象に対する意味や価値を決めているのが「観点」なのです。**どのような観点で対象を見るかで、相手のアイデンティティーや存在価値が変わります。**

自分自身の観点に気づくことは、プロジェクターのように相手にどのような潜在意識を投影して、相手のアイデンティティーや存在価値を決めてしまっているのかを知るための重要な要素なのです。

自分自身をどう思うのか、相手の存在をどう思うのか。観点がアイデンティティーを決め、それにあった用途、機能、目的、意味などのイメージを形づくっているのです。

「観点」とは考えの出発点

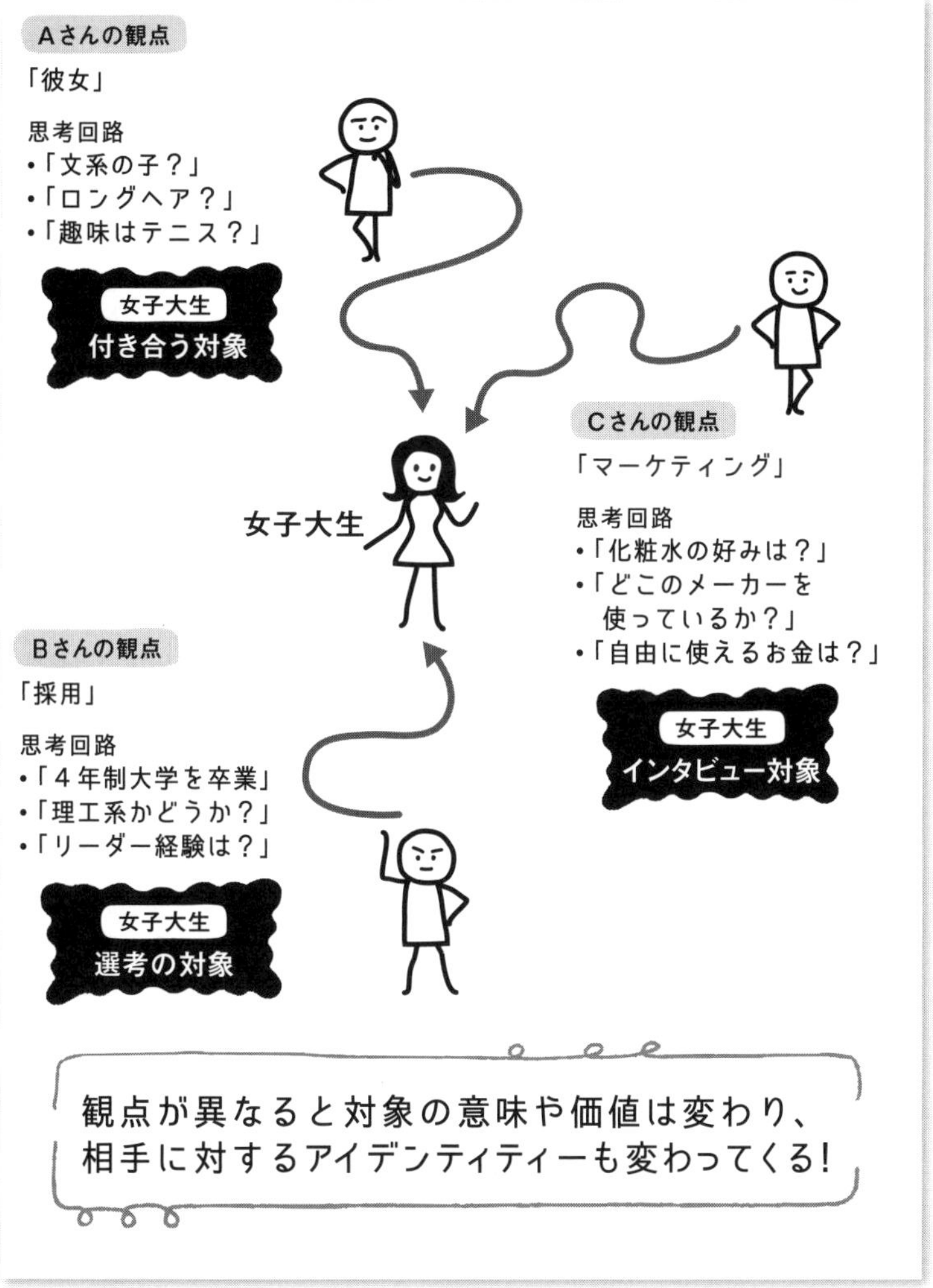

Aさんの観点
「彼女」
思考回路
•「文系の子？」
•「ロングヘア？」
•「趣味はテニス？」
女子大生
付き合う対象
Cさんの観点
「マーケティング」
思考回路
•「化粧水の好みは？」
•「どこのメーカーを
使っているか？」
•「自由に使えるお金は？」
女子大生
インタビュー対象
女子大生
Bさんの観点
「採用」
思考回路
•「4年制大学を卒業」
•「理工系かどうか？」
•「リーダー経験は？」
女子大生
選考の対象
観点が異なると対象の意味や価値は変わり、
相手に対するアイデンティティーも変わってくる!

認識がズレているのは、「主体」「客体」「媒体」のどれかが原因

◆大半の人が見落とす「認識主体の条件」

相手の価値やアイデンティティーをどう認識するかは「観点」と同時に、認識の主体、認識される客体、認識させる媒体の条件によっても変わります。

人が何かを経験するときは、認識の「主体」（脳・五感覚）、「客体」（存在・現象）、「媒体」（光・メディア）の条件によって、「現実」（認識画面）が変化します。

つまり、「誰が」「何を」「どのような状況で」見るかによって、同じものでも「どう認識するか」が変わるわけです。イメージしてみてください。

たとえば、「そろそろ結婚したいな」と考えている人（主体）は同世代の異性（客体）

を「自分のパートナーとしてふさわしいかどうか」という観点で見るでしょうし、ヘッドハンティングを仕事にしている人（主体）なら「この案件にピッタリの人材かどうか」という観点で相手（客体）を見るでしょう。この二人が同じ人物に出会っても、それぞれの観点で相手を評価し、相手のアイデンティティーを決めつけ、そのイメージをもとにコミュニケーションを取るようになるのです。

そして「認識の媒体」の条件によってコミュニケーションにズレが起こりやすいのが、メールです。ある打ち合せでメンバーが一人遅刻するとメールを送ってきました。

「事故にあったので遅れます。先に会議を始めてて下さい」

メールを受け取った残りのメンバーは内容を見て、困惑してしまいました。

「え、どういうこと？」

「事故に遭ったって自分が？」

「他人の事故に遭遇して、その人を助けるから遅れるってことなんじゃないか？」

どう理解すればよいかわからず、不安になって電話をしたのですが、何度かけてもつながりません。

「彼女自身が事故に遭ったんじゃない？」

「いや、でもメールのノリからすると『すぐに着くから先に始めてて』っていうふうに読めるけど？」

みんなの困惑は止まりません。後になって本人が事故を起こし、肋骨にひびが入るほどの重症だったことが判明しました。

たった1行のメールでも、人（主体）によって受け取り方はさまざまです。この場合、情報を伝える媒体（メール）が文字だけだったので、なおさらズレは広がっていきました。もし写真や音声のあるテレビ電話（媒体）だったら、伝わるニュアンスも違い、みんなの認識もここまでズレることはなかったでしょう。


人間関係がギクシャクしたときにも、認識の主体、客体、媒体の条件に目を向けることで、相手の認識画面をイメージしやすくなります。コミュニケーションのズレを埋めるときには、この3点に注目してみてください。

認識の主体、客体、媒体とは

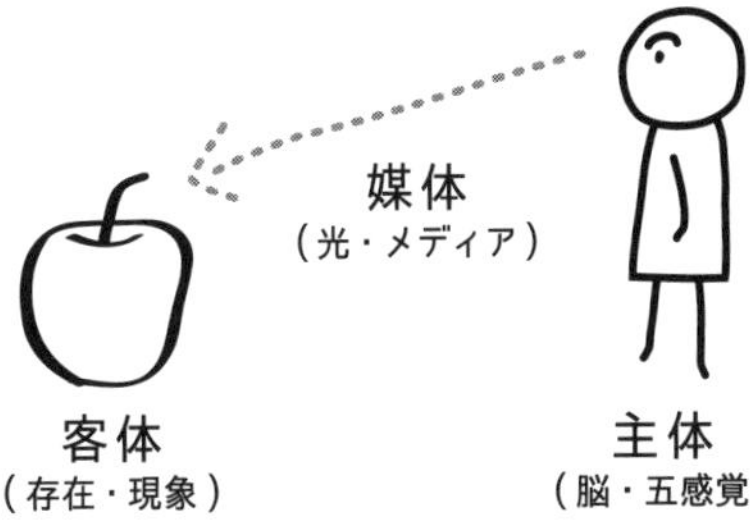

主体・客体・媒体の条件が現実（認識画面）を生み出す

メールを見た同僚たちの反応はさまざま

例：打ち合わせ前に
　　部下からメールが届いた

「事故に遭ったってA子が……？」

「他人の事故に遭遇して、
その人を助けるから遅れるってこと？」

「メールのノリからすると
『すぐに着くから先に始めてて』
っていうことにもとれるけど……」

同僚たち（主体）の受け取り方に
よって認識は変わってくる

人の記憶はハードディスクと同じ？

◆「認識するから存在する」という真実

ここまで見てきたように、私たちは「存在があって、そのありのままの姿を認識できている」のではなく、私たちが「認識するから、その存在がそういった姿で認識される」のです。

そのことを体験してみるために、次の単語を黙読してみてください。

ざっと上から流し読みする程度で結構です。無理やり覚える必要もありません。

《キャンディー、すっぱい、砂糖、苦い、おいしい、味、歯、よい、ハチミツ、ソーダ、チョコレート、心、ケーキ、食べる、パイ》

このリストをじっくり読んだ後は、次のページを読むまでリストを隠して、見ないようにしてください。

私もそうなのですが、たいていの人は十五桁の数字をすぐに覚えられないですし、知人の名前がすぐに出てこなかったり、仕事帰りにクリーニング店に寄って仕上がりを受け取るのを忘れたりします。

ある心理学者が記憶の働きについて調べたところ、「ある体験をして、それがいったん頭に刻まれたら記憶は変わらない」という項目には47％がイエスと答えており、「人の記憶はビデオカメラと同じで、自分が見たり聞いたりしたものが正確に記憶され、のちに自分のなかでそれを再現することができる」という項目には63％の人がイエスと答えていたのです。

はたしてみなさんはどうでしょうか？

人の記憶はハードディスクと同じで、「事実」がありのまま記憶される、昨夜、上司に言われた嫌味なひと言を忘れる訳がないし、初恋の人と初めてデートした場所を間違って記憶している訳がない、というのが一般的な感覚だと思います。

では、その考えが正しいかどうかを確認するために次の質問に答えてみてください。

次の3つの単語のうち、どれが先ほどのリストにあったのかを当ててほしいのです。

《味、パイナップル、甘い》答えは1つとは限りません。3つともリストにあったかもしれませんし、1つもなかったかもしれない。

少し考えてみて、答えを決めたら先ほどのページに戻って、どれだけ正解していたのか確かめてみましょう。


多くの人は「パイナップル」はリストになかったと自信を持って答え、「味」はリストのなかにあったと言います。

じつは、このテストの肝は、もう1つの単語「甘い」にあるのです。

この単語を「見た」と答えたのであれば、あなたの記憶は実際のリストではなく、その要点の回想に基づいていることになります。

「甘い」という単語はリストにありませんが、リストの単語のほとんどが「甘さ」という概念と意味的に関係がありました。

このように**「事実」と「認識」は必ずしもイコールであるとは限りません。**

人間の脳はハードディスクのように、正確に物事を記憶する機械ではないのです。

「存在するから認識する」のではなく、「認識するから存在する」

そして、記憶には実際に起きたことと、起きたことに対する自分の解釈の両方が混じり合っています。私たちは経験したことを事実だと思いがちですが、真実はその逆で、私たちの**脳が事実と解釈を材料に経験をつくり出している**のです。

また、脳の素晴らしくもいちばん恐ろしい特徴が、「思い込み」を「事実」として誤認してしまうことにあります。知覚、記憶、注意、学習、判断のプロセスの多くは無意識に行われ、精神的な経験（心験）は脳によってつくりだされているのです。

つまり、私たちの脳は、視覚や味覚などの経験を単に記録しているのではなく、それをつくり出しているのです。

先に体験したように、リストになかった単語があったと答えたならば、「リストにない『甘い』という単語を見た」ことが事実として記憶されたことになるのです。

本書の例のように、種明かしがあったり、事実を確認したりしない日常の出来事であれば、私たちが見聞きしていることのすべてが「実際にそうだったのか」を、今一度、疑ってみたほうがいいかもしれません。

では、思い込みを外すにはどうしたらいいのでしょうか？

それは**事実を確認する**以外に方法がありません。83ページの2つのプリンが同じ大きさだったことも、測ってわかったことですし、リストに「甘い」があるかどうかも、事実を確認することで納得できました。

思い込みを外すには、事実を確認する以外に道はありません。

何よりも重要なのは、自分の思い込みに気づくこと（または気づかせてくれる友人を持つこと）と、相手に事実を確認する勇気です。

また、コミュニケーションでは、相手の話を聞いた際に自分が受け取った意味をあらためて確認するという方法もあります。「いまAさんが言ったことを、私はこう受け止めたのですが、この認識で合っていますか？」と少々手間でも、一つひとつ丁寧に確認しながら対話することで、仕事のミスを防ぐことができるのです。

「自分は何者か?」が人生にプラスをもたらす

◆自らの邪魔をするのは、いつだって「自分自身」

ここまでは、自分自身の潜在意識、つまり自分のマインドドーム（心の家）がどうなっているのかをしっかり見てきました。

自分が外の世界とコミュニケーションして人間関係をつくろうとしたときに、いつも影響を与え、ときに自らの邪魔をするのは、じつは自分自身の潜在意識だからです。

それなのに、自分の潜在意識を理解することなく他者と接していると、自分の思い込みやアイデンティティーのせいで、相手を理解できず、結果的に人間関係がうまくいかなくなってしまいます。

たとえば、なぜか社交的になれないと悩んでいる男性がいました。

その男性の母親はとても社交的だったのですが、外面がよすぎて家の中と外でのギャップがひどかったということがありました。

そうすると、母親を見て育った彼としては、そうしたギャップに嫌悪感を抱き「そんなふうにはなりたくない」と社交的であることを拒否し、不愛想なスタイルを自分で選択してしまっていたのです。

本人は、できれば人間関係をうまくつくりたいと思っている。

でも、なぜかそれができない。

そんなときは自分の潜在意識のなかに、その理由が隠れていることが多いのです。

多くの人は自分のことは自分でよくわかっているつもりになっていますが、それは表面的な「あれが好き」「これが苦手」といったレベルにとどまっています。

なぜ、それが好きで、なぜこれが苦手なのかという本質的な理由まで踏み込んで「わかっている」という人はあまりいません。

試しに「自分は何者か?」という自問をしてみてください。

今の職業や、家族のなかでの役割などではない、もっと本質的な自分のアイデンティティーについて明確に答えられるでしょうか？

自分のアイデンティティーを考えるのは決して哲学的な問いではなく、実生活で人間関係をうまくつくっていくために、自分の軸を明確にするために必要な問いです。

自分のマインドームがどんなものになっているかを知るためには、自分の人生の棚卸しをしてみるのがいちばんです。

自分は何を経験し、それをどう解釈し、そこから何を選択して今の自分になったのかをおさらいしてみましょう。

すると、ビジネスで、相手に対して自分の人生と仕事を絡めた深い自己紹介ができるようになります。

その場で売って終わりという1回限りの関係ではなく、1年、2年と深くつき合ってお互いにいい関係の仕事をしていきたいのなら、アイデンティティーがわかっている相手のほうが信頼感も親近感も増しますよね。

管理職やリーダーなら、メンバーとの話のなかで説得力が増してきます。

これからの人生を一緒に歩んでいくパートナーを探している人なら、表面的なものにとらわれずに、自分はパートナーに何を求めているのかがより明確になります。

第2の人生を描いている人なら、これまでの仕事や家庭一辺倒の人生から一段上がって、自分は何を求めているのかを再発見できます。

自分が何者かをはっきりさせることは、人生において絶対的にプラスをもたらすのです。

自分が何者かを知らずに人間関係をつくり、人生を進んでしまうのは、どこに行くかもわからない船にただ乗って流されてしまっているようなもの。

そんな人生ではもったいないと思います。

自分が何者かをはっきり知ることは、自分の潜在意識のとびらを開き、相手の潜在意識のとびらも開けるマスターキーを手に入れ、自分が本当に行きたい方向に人生を進めていくために大切なことなのです。

第4章

世界が変わる
潜在意識の
使い方

なぜ、あの上司は自分に厳しくあたるのか？

◆自分の潜在意識から謎を解く

潜在意識のメカニズムと働きを理解し、自分の潜在意識のとびらを開くマスターキーを手に入れることができれば、あなたの世界は一瞬で変わります。

本章では実際にどうやって潜在意識を仕事に応用するのか、日常生活が変化した人の実例をいくつか紹介していきます。

まずは、職場の上司との人間関係でどのように潜在意識を使えばいいのか、ある女性のケースをもとに見ていきましょう。

《中堅企業に勤める香織さん38歳の場合》

香織さんは中堅メーカーで派遣社員として経営企画を担当。最近、上司との関係でどうしても我慢できない悩みごとがあると相談を持ちかけました。

「うちは同族企業なので上司が社長の親族なんですが、それが本当にサイテーな男で、もういい加減に我慢ができないから会社を辞めようかと思ってるんです」

「その上司は、どんな人なんですか?」

「人間じゃありません！　人として、それどうなのっていう発言が多いし、女性を差別するし、わがままで子どもっぽいし。もうホンっと信じられないんです」

これまで我慢していた思いが堰を切ったようにあふれ出てきます。

私は静かにうなずきながら質問を重ねていきます。

「具体的に聞かせてもらってもいいですか?」

「先週の会議で、社労士の先生に相談に乗ってもらった件を報告したら怒鳴られたんです。『お前は仕事をなんだと思ってるんだ?』って。報告しただけなのになんで怒鳴るのかわからず、すごくショックでした」

「その上司には、よく怒られるのですか?」

「ええ、今回だけじゃないんです。私が何を提案しても毎回否定するし、まったく話を聞いてくれないんです。女でまだ若いから使えないって、絶対思われてますね。気に入らない社員はすぐクビにするから、私も落ち着いて仕事ができないんです」

「それは落ち着きませんねぇ。ちなみに人間じゃないって仰っていましたけど、何を見てそう感じられたんですか？」

「うちの母が倒れて病院に運ばれたときに、会社を早退して見舞いに行きたいと相談したら『ねぇ、それ誰かほかに代わりの人いないの？』って言われたんです。あれは本当に酷いと思いましたね」

「それはたしかに酷いですね。ちなみに、お父様にもそういうところはありますか？」

「いえ、父は物静かで優しいほうで、どちらかというと母のほうがひどいですね。私が不幸なのは母のせいです」

「どうしてそう思われたんですか？」

「ずっと兄ばかりを可愛いがって、私は全然愛してもらえませんでした。たとえば、母が熱を出したりすると私が看病するのに、母は見舞いにきた兄にだけ感謝して私のことは召使いのように使っていたんです！」

「ずいぶん強い思いをお母様に対して抱いてらっしゃるようですが、もし何を言っても許されるとしたら、お母様にいちばん伝えたいことはありますか？」

「え？」

一瞬、香織さんの表情に迷いの色が浮かびましたが、わざわざ相談に来たのだからと意を決して口を開きます。

「あなたのせいで、娘の私はこんなに不幸な人生を歩んでますよって言ってやりたいです」

私は相談者の目をしっかり見据えて言います。

「今のお話で、なぜ香織さんの上司がそれほど酷い行動をされるのか理解できましたよ」

「えっ……それって、どういうことですか？」

私は香織さんの上司に会ったことはありません。それなのに、なぜ、愚痴にも聞こえる香織さんの話から上司の言動の背景を見抜けたのでしょうか。

こういうケースで実際に私が観察しているのは「上司の潜在意識」ではなく「上司に投影している香織さんの潜在意識」です。

香織さんの話だけを聞くと、上司と母親に対する強い不満がみてとれます。そんな相手なら付き合いを辞めたくなっても仕方ないかもしれません。

ですが、気になることはないでしょうか。

香織さんは、母親に対して「娘の自分はこんな不幸な人生を歩んでますよ」と言ってやりたいと話していました。

ここで香織さんの潜在意識に「自分が不幸なのは母親のせい」という固定観点があることがわかります。「不幸な私」というアイデンティティーを考えの出発点として、さまざまなチャレンジを重ねても「不幸な私」という終着点に至るというマインドームを抱えていたのです。

つまり、どんな職場に転職しても、**自分の内部にある「自分が不幸なのは母親のせい」という潜在意識を投影して「加害者役（上司）」を存在させている可能性がある**

ということです。

その後、コーチング・セッションを重ねていくなかで彼女が気づいたことは、

●自分のアイデンティティーを「不幸な人」に固定していた

●その原因は「母親」だと観点を固定していた

●母に復讐するには「不幸な自分」を見せつけるしかないと思い込んでいた

●結果として「不幸な自分」を強固にするために「加害者役」を存在させていた

という点でした。

事実と解釈を分けて整理したあとに「事実」を確認してみると、上司を怒らせるまで自分から相手を挑発していたことや、母が娘の香織さんに感謝していることも分かってきました。

「母に愛されていない不幸な自分」をストップし、「じつは愛されていた幸せな私」を新たに選択し直すことで、香織さんの人生は変わっていったのですが、これほど強力にマインドームは人生の可能性の範囲を決定してしまいます。

みなさんも自分の現実（認識画面）が気に入らないものであれば、自分がどんな認識を持っているのかを確認してみてください。

すぐに仲良くなれる人脈のつくり方

◆相手の出会いの目的に目を向ける

新人の営業マンや独立したばかりの人が陥りがちなワナに、異業種交流会というものがあります。本人は自社の商品やサービスを売るために人脈を広げようと考えて参加するのですが、実際にそこから商談へつながり、成約することはあるのでしょうか。異業種交流会にもいろいろな種類がありますが、ただの名刺交換会はあまりおすすめできません。なぜなら、参加している人の出会いの目的が、「自社の商品・サービスを売ること」だからです。

つまり、誰も「商品やサービスを買う目的」で参加していないということです。

この視点に気づかずに、闇雲に大勢の人と名刺交換をして、あとから勝手にメルマガを送ってくる人は少なくありません。名刺交換をするときも自分の話ばかりで相手のことを知ろうとする質問すらないのです。

みなさんなら、そんなふうに自分のことだけ話してこちらに関心も示さず去っていった相手と、また会ってみたくなるでしょうか？

質の高い人脈をつくるためには、背景（海）であるその場の参加者のアイデンティティーと参加目的を事前に確認することが大切です。

参加者の目的が自分の目的と合っていれば、お互いに共感しやすく、より早く共通のビジョンへ向かうことができるからです。

あなたが提供している商品やサービスを必要としている人は必ずいますが、「売ること」を目的として出会うのではなく、その商品やサービスを通じて「どんな人を救いたいのか」に焦点を当てれば、より多くの人の共感を集め、同じ問題意識を持った仲間が集まるようになってくるでしょう。

なぜか突然相手が不機嫌になったときの対処法

◆地雷を踏んだときに慌てないために

誰かと話をしていて、突然、相手が不機嫌になってしまうと、どうしていいかわからなくなりますよね。身近な相手であれば、余計に困ります。

ある女性管理職Nさんのケースで考えてみましょう。

シングルマザーのNさんは子どもを二人育てながら上場企業の管理職としてがんばっている人です。子どもは大学生と高校生でいちばんお金もかかる時期。しかも経理部門の管理職として、重要な数字を扱っているため、日々、いろいろなプレッシャーやストレスを感じています。上司や役員も厳しく、家に帰れば子どもたちの世話にも追われる。自分がいろいろなことを引き受けるばかりで、どこにもそのストレスを出せるところがないのです。

そんなNさんがあるとき私に、「紹介したい人がいる」と電話をかけてきました。

最初は普通に、紹介したいAさんのことを話していたのですが、NさんがAさんのことを『仕事を通じて社会を変えたいと活動している人』だと話していたときに、突然、こう言ったのです。

「私だって、仕事を通して社会を変えたいって思ってるわよ！」

私は、一瞬「何？」と思考が止まりました。

なぜなら、Nさんは私にAさんを紹介したいといって、わざわざ電話をかけてきてくれてAさんのやっていることを教えてくれていたのです。

それなのに、なぜ突然キレる必要があるのか。

でも、すぐにNさんは冷静になったので、私はなるほどそうかと思いました。

NさんはAさんに腹を立てたのでも、私に何か怒ったのでもないのです。

確認してみると、自分のストレスを出せるところがなかったという背景（海）があって、話をしているうちに、自分のアイデンティティー（本来のありたい自分）とのギャッ

プに思い当たり、感情がこみ上げてきたというだけのことだったのです。

Nさんの潜在意識には、「仕事を通じて社会に影響を与えたい」というものがありながらも、実際には仕事と家事に追われる日々。ありたい自分と現実の自分とのギャップが無意識のうちにストレスとなっていたのかもしれません。

しかも管理職という立場のため、周囲に素直な自分の思いをなかなか出せない。そのために、こちらからすれば「なんでそこで？」というタイミングで不機嫌になってしまったというわけでした。

こうしたケースは意外に少なくありません。

日本は建前コミュニケーションが当たり前の文化なので、思ったことをそのまま伝える本音コミュニケーションの機会は少なく、我慢を蓄積しやすい特徴があります。

もし一対一の人間関係で、家族や友人、同僚との間でもそうなってしまったときには、まず、相手のエネルギーの爆発をそのまま受け止めてあげましょう。

ビジネスでは感情を出さないのが常識というなかで、本音を語り、エネルギーまで出してくれるのは、それだけ信頼されている証拠なのですから。

自然な流れで、相手と距離を縮める方法

◆「どう見られているか？」を理解せよ

人間関係では、相手との距離が大事です。

営業として商品やサービスを買ってほしい場合には、相手と友人のように仲良くなりすぎると、逆にビジネスの話がしづらいかもしれません。

ビジネス抜きに相手と親しくなりたいときは、ビジネスの話ばかりしていても、一向に相手との距離は縮められないでしょう。

このように、**相手との距離を考えるときに必要なのは、自分が相手との関係性で「どうありたい」のかというアイデンティティーの設定をどう考えるか**です。

第3章の「認識＝存在」でみてきたように、相手の観点があなたの存在価値を決めています。

たとえば保険の営業でも、コンスタントに成績を残しつつ人間関係もうまくいっている人ほど「自分から保険をセールスすることはしない」と言います。顧客のほうから自然に保険の相談がしたくなる関係づくりを大事にしているからです。

つまり、「在り方」のベースが「保険をセールスする人」ではなく、「相手が安心してなんでも相談できる人」になっているということです。

もし、「やり方」の部分が「一緒にお茶しましょう」となっていても、ベースの「在り方」が「保険のセールスをしたい人」になっていると、口では「お茶だけ」と言っても相手には下心が伝わってしまっています。

実際、私の友人の一人は保険の営業をしていますが、本当に自分からセールスをしていません。友人の考え方はこうです。

「もし保険について考えることがあるときに、思い出してくれればいい。それ以外は、自分がハブになって、いろんな人をつなげる役割ができれば、顧客も、将来顧客になるかもしれない人にもメリットになる」、と。

その知人は、「人の役に立つことをやる」という基準を軸に、「いつも参考になる情報を教えてくれる人」というアイデンティティーがあり、それが伝わるわけです。

このように相手との距離を無理なく縮められる人に共通しているのは、**自分が他者からどう認識されるかをちゃんとわかっている**点です。自分と他者のアイデンティティーに対する認識がズレないように、相手の観点や判断基準と「認識画面」をイメージしながら行動しています。

相手の観点があなたのアイデンティティーを決めるので、距離を縮めようと思ったら、自分のアイデンティティーが相手の観点からどう見えているのか注意しましょう。「一般的なイメージ」をあなたに投影している可能性もあれば、「過去の別人のイメージ」を無意識に投影している場合もあります。認識画面は人によってまったく異なるのです。

「なんであの人ばかり……」嫉妬の気持ちをなくす方法

◆「悔しさ」はエネルギーにも変えられる

「この人はすごいな」と思いつつも、素直に尊敬できず、なぜか嫉妬のような感情を抱いてしまうことがありませんか?

ほとんどの人は、「あの人ばかり……」と相手を妬むようになりますが、潜在意識を開いてみると、嫉妬は自分の思い込みからきていることが多いのです。

自分の潜在意識に「本当の自分はこんな存在なのに……」「本当の自分はこうしたいのに……」という理想があり、現実とギャップがあると、自分ではなく相手を批判することで気持ちは楽になります。これが嫉妬の正体です。

本当は社交的に振る舞いたいのにできないからこそ、社交的な人を見ると、嫉妬から「あの人はいつも人に対する接し方が軽い」などと相手を非難してしまうのです。

そういう意味では、**私たちは相手をリアルに見ているつもりですが、じつは自分の認識画面を通してしか見ていない**ことになります。違いだけ取って過去のイメージとつなげ、潜在意識を投影した認識画面をつくっているのです。

自分のアイデンティティーに劣等感があると、相手を見たときに「自分は相手に比べて何も持っていない」と卑下します。あるいは、相手を批判し、攻撃します。

そんな間違った認識を変えるにはどうすればいいのか。

方法は2つあります。

1つ目は、自分の認識を変えてみることです。視点を変えれば、「あの人は自分に持っていないものを持っているだけ」ということになります。

2つ目は、マスターキーを使って、「本当はこうありたい」というアイデンティティーを自覚して、それができていない悔しさをエネルギーにしてしまうことです。

負のエネルギーをやる気に変えられれば、相手をうらやむ気持ちもなくなり、健全な気持ちで毎日を過ごすことができるはずです。

相手から信頼されて対等な関係が築ける方法

◆「下でも仕方ない」と思っていませんか？

相手が自分を下に見てくる。取引先などと上下関係があるなかでうまく人間関係がつくれない。そんな悩みを持つ人がいますが、潜在意識を使えば、基本的にどんな世界観の相手とも付き合うことができます。

ある営業担当は、いわゆる大手メーカーの下請けだったのですが、一般的な下請けと元請の関係にある「下に見られる」悩みを持っていませんでした。

下請けは、上からの発注があって自分が動くという関係性ですが、彼の場合は発注元の生産計画や事業計画を自分から聞き出し、「この時期にはこんなものがこれぐらい必要ですね」という提案を先手を打ってやっています。

彼は「人に言われて行動することが嫌い」という判断基準を持っていたので、それをうまく活用して「新しいアイデンティティー」を選択したのです。仕事でも**発注元から指示されて動くのではなく、自分から相手の求めていることを先に提案するという仕事の仕方**をしていたのです。

営業としての自分のアイデンティティーを「下請け」ではなく、設備部品の専門家であり、「パートナー」であると顧客に認識させていきました。

相手側からすると、自分が忙しいときに発注の準備をしなくても状況を先読みしてくれるので非常に助かります。自分たちが気づかない点もアドバイスしてくれるので、もはや下請けとして彼を見ていません。

彼自身は仕事の大切なパートナーとして、部品のプロとして扱われていることを感じるので、仕事も楽しく成果も上がるわけです。

いつも下の関係性に置かれているという人は、「自分は下でも仕方ない」というアイデンティティーを無意識に持っているのかもしれません。「こんなことしかできない」と思っていると、本当に「こんなこと」しかできないのです。

自分でプロというアイデンティティーを持ち、相手と関わるようにすると、いろいろな可能性が出てきます。**自分の世界観をどうするかは自分次第という事実**があるのですが、案外多くの人がそこに気づいていません。

たとえば、クライアントのなかには厳しいことを言ってくる人がいます。自分が「下請け」という世界観に立っていれば、ひたすら我慢するしかありません。けれども、自分がプロという世界観に立っていれば、厳しい言葉にも今後の仕事のヒントを発見できます。

ある人が厳しいことを言ったとしても、それは役割上で言っているだけのこと。あなたを憎んでいたり、嫌っていたりして言っているわけではありません。

「自分自身をどう思うのか？」と同時に、「相手に自分のアイデンティティーをどう認識させるのか？」も重要です。みなさんも自分の未来のアイデンティティーをイメージして、それをどう相手に伝えるかを考えてみてください。

「どこかよそよそしい?」新任の取引先と関係をつくる方法

◆「わかってくれている感」が安心につながる

ある商社で営業をしている男性のケースです。

Bさんは前任者から引き継いだ取引先が、自分に心を開いてくれないと悩んでいました。前任者とは直接面識がなかったものの、周囲の話では、それなりにいい関係がつくれていたということで安心していたのですが、どこかよそよそしいのです。「自分ではダメなのだろうか」。とはいえ、今は自分が担当者なので、なんとかこれまでのように受注できるようにしなければなりません。

さて、あなたなら、こんなときどうしますか?

あくまで、自分のやり方でやってみるという方法もあります。

ですが、ここで大事なのは、前任者がなぜ気に入られていたのかという理由（取引先の判断基準）を相手の潜在意識にアプローチして理解することです。

いちばん簡単な方法は、前任者や上司、または取引先に直接「何を気に入っていたのか」と尋ねてみることです。

おそらく、会社で把握していること以外にも「Aさんは、こんなこともやってくれていたよ」と好意的に思われていた理由があるはずです。その理由（判断基準）が理解できないと、いくら前任者と同じようなお付き合いをすると意気込んでいても、相手からすれば「今度の担当者は分かってないなぁ」と思われることも出てきます。

会社と会社の付き合いといっても、現場レベルでは、結局のところ人と人との関係で成り立っていることが多いと思います。

つまり、人間関係をうまく引き継げるかどうかがポイントなのです。

こうしたケースにおいても、**取引先の潜在意識を観ていくと、相手がビジネスにおいて大事にしている判断基準が見えてきます。**

「お願いしたこと以上のことをやってくれる」

「約束をしっかり守ってくれる」

「愚痴を聞いたり相談にも乗ってくれる」

そういった細かい何かが担当者レベルで引き継がれていると、自分たちの存在を大事に扱ってもらえていると感じることができます。

つまり、新しい担当者が人間的に嫌われているとか、タイプではないという問題ではないということです。むしろ、取引先が大事だと思っている基準や観点を担当者がきちんとわかってくれているかどうかが大事ということです。

そうすれば取引先は、担当者が変わっても「わかってくれている」と安心します。

取引先と信頼関係を構築するには、相手の潜在意識を理解して行動することが大切なのです。

派遣から正社員になった人の社内で評価される方法

◆「仕事ができない人」というレッテルを張られた女性

あるＩＴ企業に派遣の仕事で働き始めた女性がいました。

彼女はＩＴ企業で仕事をするのは初めて。社内のシステムや使われる専門用語も、それまでの職場とはまるで違っていることに戸惑いながらも、新鮮な気持ちで仕事をしていました。

とにかく、わからないことだらけだったので、部署の上司にいろんなことを質問したといいます。自分ではこういうことかなと思っても「ここはこういう理解でいいんですよね」と確認してから仕事を進めていました。

そのうち、あまりにも彼女が上司に質問や確認をしてくるので「そんなに人に聞かずに自分でも勉強しないとダメだよ」と言われ、仕事ができない人というレッテルを張られた時期もあったそうです。

ところが、働き始めて半年後、彼女の評価はどうなったでしょうか。

じつは、その部署でいちばん評価される社員になっていたのです。

彼女がやっていたのは、**自分のイメージしている世界と相手の言っていることのイメージにズレがないかどうかを確認すること**でした。

たとえば「リマインドが必要だね」というときの「リマインド（思い出させる）」という単語も、ある人は「相手のためのリマインド」をイメージしますし、ある人は「関係者全体のリマインド」をイメージするかもしれません。

シチュエーションや使う人の違いによって、その組織ではどんな単語がどんなイメージで使われるのかを確認して、イメージのズレをなくすようにしたのです。

人間はそれぞれ自分の潜在意識のなかでつくられた、自分だけの〝イメージ辞書〟を持っています。

そのために、同じ言葉を見聞きしても、そこから何をイメージするかというリンク先はさまざま。彼女は自分から積極的に確認して、そのズレをなくしたことで、結果的に「仕事でいちばんミスが少ない人」という評価を得ることができ、正社員として採用されるようになったのです。

私たちはどうしても自分のイメージしているものを、相手もイメージできているだろうと、何も疑わずに判断してしまいがちです。

ところが自分のイメージが、そのまま相手に伝わっていることは稀です。

自分のイメージ通りに、相手が同じことを理解しているとは限らない。

そう思って、こちらから何度も確認するぐらいの姿勢でいたほうが、そのときは面倒でも結果的にいい関係がつくれるようになるのです。

「あの人なら！」と周りから認められる方法

◆自分の主張が通りやすくなる2つのポイント

「自分の存在が頼りなく感じる」

「どうすれば、自分を認めてもらえるのだろう」

そんな悩みを持つ人がいます。

ここで大事なのは、自分をありのまま認めてもらうことと、自分の主張ややりたいことを認めてもらうのは次元の異なる話であるという点です。

そもそも、人間の潜在意識は一瞬でできあがるものではありません。

普段からの言動や振る舞い、約束を守ることや助け合うことなど、いろいろな積み重ねで信頼関係や評価はつくられています。

周囲からの認識が「あの人なら！」と好意的に受けとめてもらえるものであれば、自分の主張ややりたいことに同意してもらえる確率は高くなります。

また、そういう人であれば、誰かに頼みごとをしても快く引き受けてもらえます。

ただ、このときに表面的なところだけを見て、「あんなふうに頼み上手になりたい」と思うのは少し違います。

自分に対するアイデンティティーが「ただ面倒な仕事を振ってくる人」なのか、「いつも自分を気にかけてくれている人」なのか、頼みごとをされた人の受け取り方でまったく違ってくるのです。相手の潜在意識を見ないことには、自分がいくら頼み方の「やり方」を変えても相手はOKとは言いません。

大事なのはつぎの2点です。

1 相手に自分はどういう存在だと認識してもらうか

2 相手に自分のイメージをどう持ってもらうか

どんな人でも相手からの評価やアイデンティティーに対する認識が固まると、いい意味でも悪い意味でも関係性は安定します。

普段から、自分のことを気にかけてくれて、仕事以外の話にも付き合ってくれたり、いろいろ親切にしてもらっている相手からの頼みごとであれば、仕事としてだけでなく「相手のために」という受け取り方をしてもらえます。

つまり、その「仕事が大事だから」というよりも、「相手が大事だから」頼まれごとを引き受けてもらえるわけです。

これがもしも、自分のことを気にかけてくれることもなく、いつも自分の状況も知らずに一方的に仕事を振ってくるだけの存在なら、そんなふうにはなりません。人と人とのつながりも感じられない、業務上だけの浅い関係では、仕事を超えてでも付き合いたいとは思わないのです。

会社や組織といった業務上の役割や関係性だけで付き合うのではなく、会社や組織から外に出ても付き合いたいと思える関係性とアイデンティティーをつくっている人のほうが、結局は仕事でもプラスに作用することは多いのです。

存在を否定されても心が折れないようになる方法

◆アイデンティティーを分けて受け止める

ある居酒屋でアルバイトをしていたD子さんは、酔っぱらったお客さんにからまれて文句を言われるたびに、「なんで私ばっかりがこんな目に遭わないといけないの」と心を悩ませていました。

「頼んだ料理がまだ来ない」「酒が薄い」「サービス精神が足りない」など、毎日のようにクレームを受けていたD子さんは、「もうやっていけないかも」と先輩の女性社員にバイトを辞めたいと相談を持ちかけました。

毎日、毎日、自分の存在を否定され、心が折れそうになっていたD子さんだったのですが、潜在意識を学んでいた先輩のある一言がきっかけで、翌日からは人が変わったように笑顔で接客し始め、何を言われてもまったく気にならなくなったと言います。その一言とは「お客様は、あなたのことが嫌いなわけじゃないの。うちの制服を着ている人だったら、誰だっていいのよ」だったのです。

そこでD子さんが気づいたのは、アイデンティティーを「自分」と「制服」に分けて受け止めるということでした。「居酒屋という海にいる私は『店員』という魚なのだ」と認識できたことで、海の環境が、顧客の言動を生み出していると理解できたのです。

あるお客さんが厳しいことを言ったとしても、それはその人が日頃のストレスを発散するために言っているだけのこと。私を憎んでいたり、嫌っていたりして言っているわけではないと認識できるようになったのです。

みなさんも何かイヤなことを言われた際には、自分の立場や役割に対して言われているのであって、自分個人に対する恨みから言われている訳ではないと、観点を移動して受け止めてみると、案外気持ちが楽になるかもしれません。

営業スタイルを確立させて、すべてが好転するための方法

◆イメージを変えるだけで大きな変化に

あるコンサルティング企業で営業職をしているEさんは、自分の提案営業の仕方に限界を感じていました。会社の主な取引先は大企業の重役（50～60代）ばかりなのですが、Eさんはまだ20代、親と子ほど離れた年齢差です。

しかしコンサルティングの営業なので「相手より情報を知っていなければならない」という信念があり、一方で「自分はまだ何も知らない」ことも自覚していたので、親世代の重役の前で、どう振る舞えばよいのか悩んでいました。

たびたび足を運んでも自分に情報がなければ御用聞きで終わってしまうし、情報提

供するだけでは受注に結び付きません。また、潜在意識のなかに「相手より情報を知っていなければならない」という判断基準と「自分はまだ何も知らない」という認識を同時に抱えたままでは自信も持てず、相手に伝わる雰囲気も変わってきます。

コーチングを通して見えてきたEさんの判断基準は「相手に弱みを見せてはならない」「コンサルタントのほうが詳しくなければならない」など、営業としての行動に足かせとなるものでした。提案営業のイメージも「資料を使ってプレゼンテーションをする＝一方的に自分が話をする」ものだったので、「相手から話を引きだす」という視点が抜けており、ヒアリング能力にも課題が見受けられました。

そこで提案した新しいアイデンティティーが「コンサルタントは相談役であり、顧客の内面を引きだす役割」というものです。他業界の動向やビジネスの仕組みに詳しくても、クライアント企業のほうが現場の情報や専門知識を多分に保有しているので、相手の土俵で「知ってる／知らない」の勝負をしても負けてしまいます。

それなら、「自分は相手を議論に持ちこむファシリテーターである」というイメージを選択して、他社の営業が聞き出せない情報まで取ってくる営業のほうがしっくりときます。イメージを変えることで「専門分野については相手より詳しくなくても当然」と自分の未熟さを受け入れ、それまでの判断基準を手放すこともできました。

半年ほどしたある日、Eさんの話を聞くと、大きな変化が生まれていました。

以前は、「御社はこれが課題なので、こうするべきです」と上から目線で提案をしていたけれど、それでは相手を否定することにつながり『20代の若造が偉そうに』という反発心まで招いてしまっていました。

しかし今は、相手を議論に巻き込むスタイルに変えたので、ディスカッションの過程で相手の判断基準を観察できます。一方的に提案することもなくなったので、お客様に「話を受け止めてくれる人」という安心感が生まれていたのです。

一緒に議論を進めるのでコンペ案件が減り、顧客の判断基準を確認しながら進めるので企画の手戻りがなくなり、信頼される営業マンへと変化していました。

部下の指導にも変化が見られていました。

「ほかのマネージャーは、部下の認識を確認せずに行動を抑制するか強制することが多いけれど、自分は相手の行動を生み出している観点に目を向けられるようになったので、コミュニケーションのズレが減って仕事の効率が上がってきた」ということでした。会議でも認識や判断基準の擦り合わせから入るため、コミュニケーションのズレによる摩擦が減ってチームワークも向上してきたそうです。

「観点」「判断基準」「認識」の3点を理解して活用できるようになると、人間関係と仕事の成果が劇的に変わってきます。

さらに脳のクセなど人間共通の観点から整理する習慣ができてくると「価値観が違う（ようにみえる）多様な人」も、じつはそれほど変わらないことが見えてきます。逆に違いを楽しめるようになれば関係性も変わってきます。

潜在意識のとびらを開き、自分の内面を変化させれば、関係性が変わり、結果が変わってきます。

現実（認識画面）を変えるカギは、まさに認識なのです。

第5章

世界は
潜在意識で
つくられている

敵になるか味方になるかは、アイデンティティーで決まる

◆うまくいかないときは、「マスターキー」を使え

人間関係の基本は一対一でも、大勢のときでも変わりません。

いい人間関係をつくり、人生を前向きに生きていくためには、自分の判断基準や価値観が「絶対に正しい」という姿勢をあらためることです。

これは言い換えれば、**相手を理解したい、理解しないと物事が進まない、状況が開けないときには、マスターキーを使って自分と相手の潜在意識にアプローチしてみる**ということです。

物事がうまくいかないときは、たいてい相手があなたを敵と認識しているときです。

こちらが敵として見られていると、どんなにいい意見や提案であっても「お前に言われたくない」という思考や感情になってしまうのです。

逆に、厳しい意見や提案でも、相手から味方として信頼されていれば受け止めてもらえます。話を日頃からちゃんと聞いて受け止めていれば、人は素直に聞けます。

つまり、**相手は自分に言われている話の中身以上に、あなたのアイデンティティー（在り方）**を見ているのです。

物事がうまくいかないときには、潜在意識を開いてみましょう。

そうすると、案外、あなたが相手に対して持っている認識、イメージが邪魔しているのだと気づくはずです。

人間関係をつくる基本は、自分のマインドドームを理解することです。

己の潜在意識を観察して、どんなパターンが多いのか自覚し、その背景にある判断基準とアイデンティティーがわかれば、関係性を変化させる糸口は必ず見つかるのです。

「4C能力」で問題解決にあたれ

◆「聞く力」と「伝える力」にもレベルがある

よく耳にする「コミュニケーション能力」とは、一体何でしょうか。

採用面接の場でも「コミュニケーション能力があること」が重視されていますが、どんな状態であればコミュニケーション能力があるのかと問われると、それを明確に説明できる人は少ないでしょう。

本書では、「コミュニケーションとは、インプット→シンク→アウトプットの循環である」と定義し、コミュニケーション能力を「インプット」（聞く力）と「アウトプット」（伝える力）として、それぞれのレベルを左図のようにイメージしていきます。

コミュニケーション能力のそれぞれのレベルを知る

インプット（聞く）

Lv0	聞いてない、ほかのことを考えている状態
Lv1	他人事として聞いている・否定するなど聞く姿勢がない状態
Lv2	相手の主張に対する反発心や判断基準をゼロ化して聞ける状態
Lv3	話の中身を聞き、主張や要点は理解している状態
Lv4	話の背景にある理由や原因まで理解している状態
Lv5	聞きながら自分の理解不足な点を自覚できる状態
Lv6	不明な点を質問してイメージや認識のズレを埋めることができる状態
Lv7	相手の話を要約してほかの人へ伝えられる理解レベル

アウトプット（伝える）

Lv0	相手に聞く意思がないためまったく伝わっていない
Lv1	聞く意思はあるが誤解されて伝わってしまう状態
Lv2	聞く意思はあるが正しく理解されない状態
Lv3	相手が関心があり趣旨が伝わる状態
Lv4	相手に強い関心があり趣旨と背景が理解される状態
Lv5	伝え手が何者でどういう背景からそれを話すのか理解されている状態
Lv6	反対意見を持つ人が理解できる状態
Lv7	反対意見を持つ人が理解し、賛同できる状態

コミュニケーションとは「Input→Think→Output」の循環

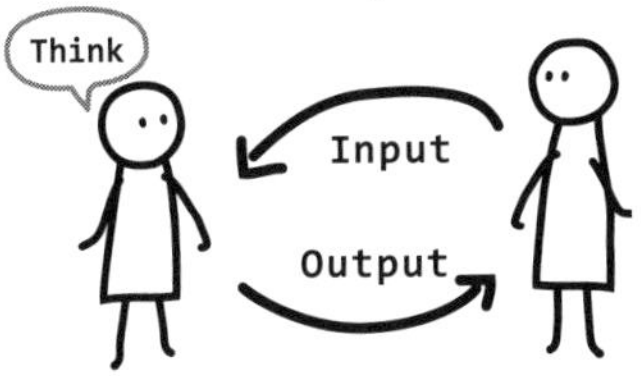

インプットとアウトプットのレベルを上げていくことで、
コミュニケーション能力は向上していく

聞く力と伝える力のレベルを上げるには、これまでに解説した観点、判断基準、認識がカギとなってきます。また、「考えのお散歩」をせずに相手の話を聞くためには「自分の判断基準を手放す」ことが必要になりますし、何かを伝える際には相手が受け取ったイメージとのズレを認識する必要があります。

さらに、これからの時代は、4つのコミュニケーション能力を統合した「4C能力」が必要とされます。この力を備えていれば、本質的な問題解決を行うことができ、組織でも必要な人材になれるでしょう。「4C」とは4つのコミュニケーションスキルの頭文字を取ったもので、マインドームコーチの能力です。

1 カウンセリング（Counseling）
2 コーチング（Coaching）
3 コンサルティング（Consulting）
4 コミュニケーション（Communication）

それぞれを簡単に説明していきましょう。

これからの時代に必要な「4C能力」とは

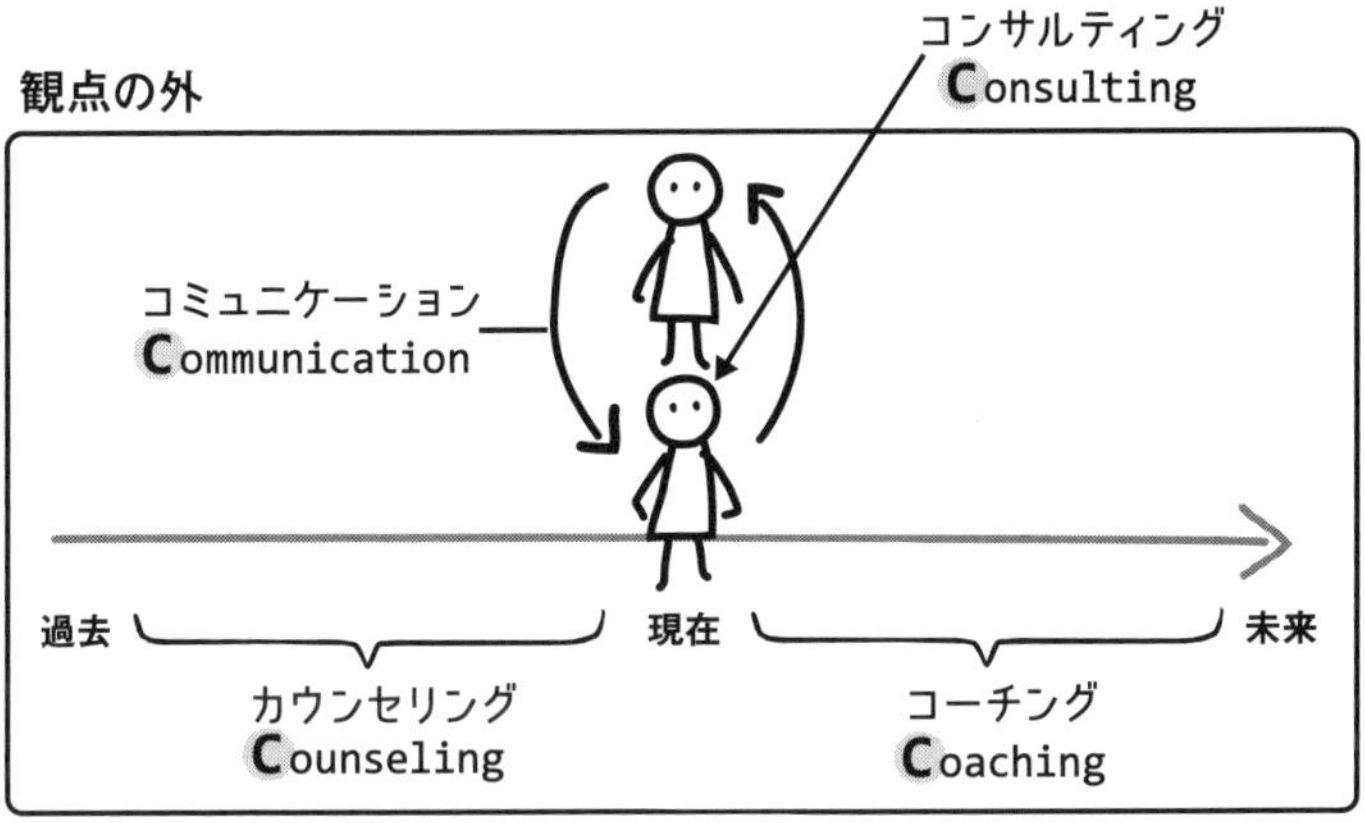

カウンセリング 過去の話を聞き、「なぜ今の状態になってしまったのか」に気付かせ、解決策を明確にすること

コーチング 未来に向けて、「将来、どのようになりたいのか」と現在地を診断して、目標やゴールに至るステップに気付かせ、サポートすること

コンサルティング クライアントの観点の外から問題点や解決法、ビジョンを明確に伝えること

コミュニケーション 相手の立場や状況を理解して交流することで信頼関係を築くこと

これからの時代はどれか1つの能力ではなく、4つを統合した「4C能力」を備えた人材が評価される。

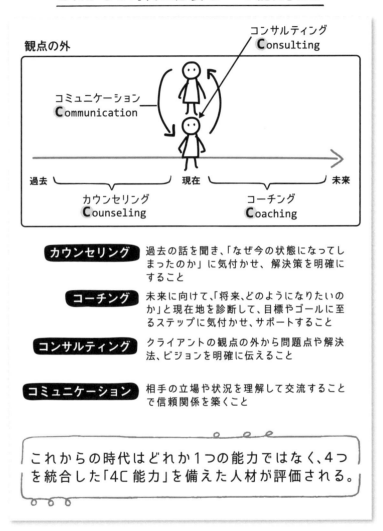

まず「カウンセリング能力」は相手の心を理解し、判断基準やアイデンティティーができた背景を理解することで、悩みや迷いの原因に気づかせられる傾聴力です。

一方、「コーチング能力」は「将来、どのようになりたいのか」と未来の目標やゴールのイメージを明確にさせ、実現に至るステップを整理して、気づかせる質問力です。

「コミュニケーション能力」は相手の立場や状況を十分理解して認めることで信頼のつながりへと転換していける力です。

さらに、観点の外から明確なアドバイスや導きを行えるのが「コンサルティング能力」です。何が問題なのかを診断して、根本原因、解決策、明確なビジョンを伝達していきます。

これら4つの能力は現在バラバラで提供されていますが、本来統合された「人間力」として提供されるのが望ましいものです。マインドームコーチのカウンセリングとコーチング能力は、相手の潜在意識から引き出した情報を元に整理していくので、本人の認識している範囲以上の内容が意識化され、自ら気づいていきます。

弊社でも4C能力を有したコーチによるセッションを実施していますが、クライアントの本質的な変化をうながすことに成功しています。

人間関係を深める「7つの階段」をイメージする

◆一緒に相手と階段を上がっていくのが大切

人と人が関係を深めていくにはメカニズムがあります。

メカニズムといっても複雑なものではありません。

どこか見晴らしのいい展望台に向かう階段をイメージしてみてください。その階段を友人やパートナー、あるいは子どもと一緒に上がっていくような感じです。

ここで大事なのは「一緒に上がっていく」というところです。

自分だけがさっさと上がってしまって「いい景色だよ!」と言っても、相手が同じように上がっていなければ景色とその感想を共有できません。

人間関係を深める「7つの階段」は、次のような順番になっています。

1 クローズからオープンへ
2 コネクト(つながる)
3 交流・交換
4 共有・共感
5 共通のビジョン
6 危機・限界との遭遇
7 突破による感動や団結

たとえば、好きな異性がいたとしましょう。

まず、自分の観点に固定されている状態から出るイメージがオープンです。「嫌われているかも」という観点から出て「告白しよう」と思う段階です。次に相手に思いを伝え、つながりを持ち、実際に付き合いが始まる交流を経て、お互いに「これ、いいよね」というものを増やしていきます。

人間関係を深める「7つの階段」

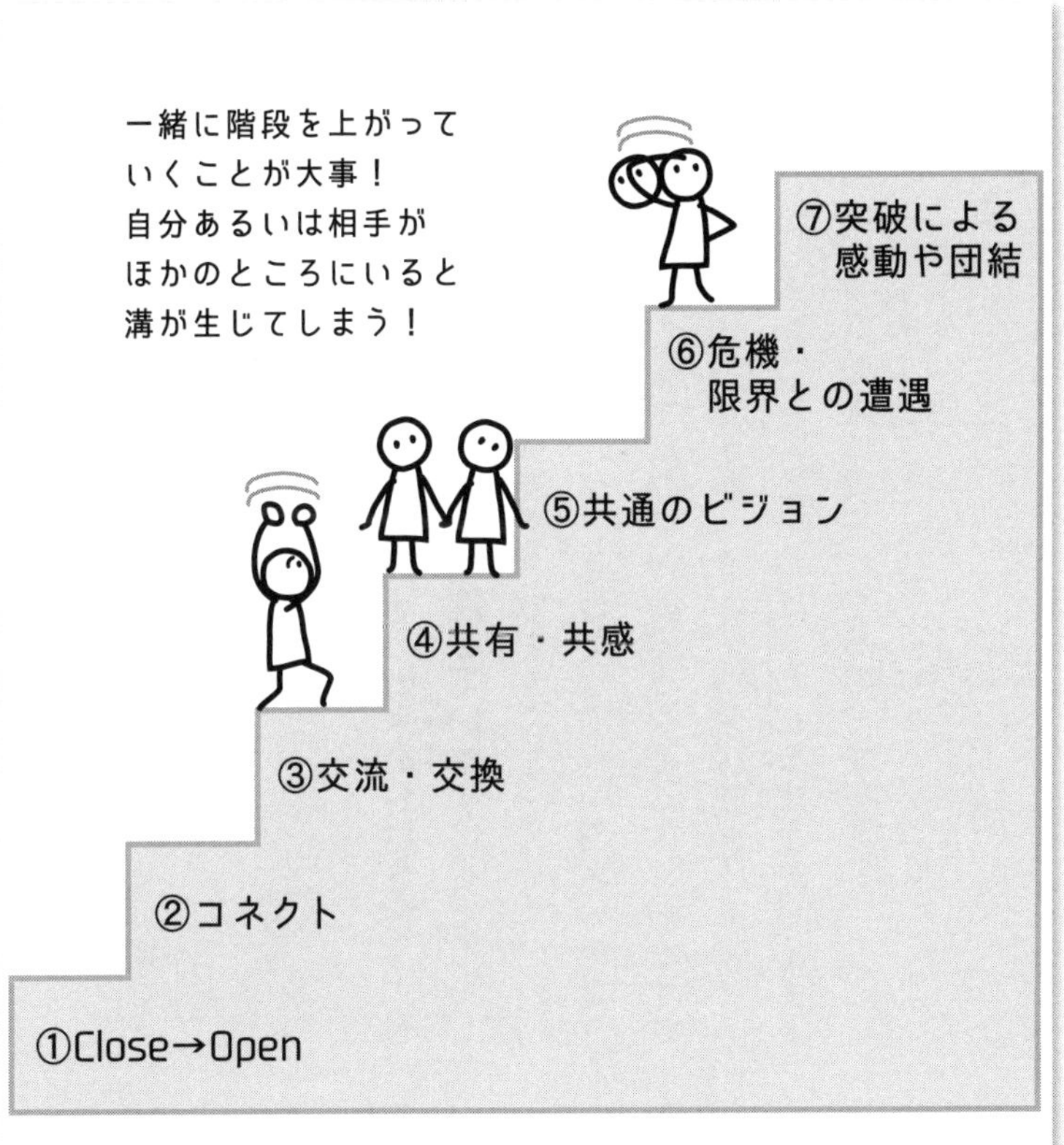

人生で遭遇する出来事も付き合う人も違うが、
人間関係を深めるメカニズムは共通している。

そうして二人で共有し共感できるものが増えてくると、お互いに一緒の人生を歩んでいきたいという共通のビジョンが生まれます。

ですが、そこには親からの反対や転勤での遠距離恋愛など、いろんなハードルが出てきます。それでも一緒にそうした困難を乗り越えたことで、より二人の結びつきが強まるようなイメージです。

人間は、それぞれの人生で遭遇する出来事も付き合う人も、まったく違いますが、人間関係を深めるメカニズムは共通しています。もちろん、このメカニズムは恋人同士だけではなく、職場の仲間や、取引先でも同じです。

このことを理解していれば、それだけで人間関係はかなり楽になります。

なぜなら、自分と相手は今この段階だから、次に何をすれば関係を深めることができるのかというステップが頭のなかで明確にイメージできるからです。

イメージができないと人の行動は変わりませんが、イメージさえできれば初めてのことでもチャレンジできるようになるのです。

「決めつけ」ではなく「理解や共感」がいい

◆そっけない態度でも反発されない方法

業務上の情報共有も進んでいて、職場の相手のことをある程度知っていると思う人もいるかもしれませんが、そもそも私たちはどんな交流をし、何を共有すれば相手を信頼できるようになるのでしょうか。

一般的には「自分の話を聞いてくれる人」「自分を成長させてくれる人」「自分の言う通りに動いてくれる人」など、さまざまな答えがあると思いますが、それらの答えに共通する点は、「自分を理解してくれる人」です。

たとえば、あなたを成長させようと思って一生懸命に話をしてくれる人がいても、その人があなたのことを十分に理解しないまま、的外れなことばかり言っていたら、なかなか受け入れ難く、ときには反発心まで出てくるでしょう。

もちろん、その人の思いやりや一生懸命な気持ちは信頼できますが、それでは十分な信頼には至りません。

反対に、ぶっきらぼうな口調でそっけない態度だとしても、あなたのことを十分に理解し、気持ちや状態に共感しながら的確な話をしてくれる人は信頼できます。

このように人間関係において重要なことは、一方的な決めつけによって相手を規定したうえでコミュニケーションすることではなく、十分に相手を理解し共感したうえでコミュニケーションすることなのです。

相手の立場に立てる力を「立場チェンジ能力」といい、これは人間関係をより良くしていくためのカギだと言えます。**つまり「他人から深い信頼や協力を得ることができる人」に必要なのは、何より「立場チェンジ能力」**なのです。

4つの力で相手の立場に立つ

◆「立場チェンジ」に必要な4つの能力

相手の立場（観点）に立つためには、何が必要なのでしょうか。

それは、言葉の背景にある意図を尋ね、相手の話に耳を傾けてその人の判断基準やアイデンティティーを理解することです。深い信頼関係があれば問題は起こりませんが、そうでないとトラブルが多発するようになります。

信頼し合える関係を築くには、次の4つの能力が必要となってきます。

①相手が語らぬことを聞く「質問力」

自分が話したいことだけをずっと話していても関係性は深まりません。自分が聞きたいことを質問できるだけではなく、相手の観点や認識画面を理解しようとする能力が「質問力」です。

②判断基準を手放して聞く「傾聴力」

質問に答えてくれているのに、「そうじゃないんだよなぁ」などとジャッジしながら話を聞いていては深い相互理解には至りません。必要なのは、自分の判断基準を手放して聞くことのできる「傾聴力」です。

③相手の在り方を認める「称賛力」

コミュニケーションを取るなかで、相手が誤解していたり、相手の考えやイメージが事実とズレていることもあります。ただし、相手の言葉を否定すると、それは考え方の否定＝人格否定と認識されてしまい、「パワハラを受けた」など、とりかえしのつかないことになるケースもあります。ここで必要なのが相手の在り方やアイデンティティーを認める「称賛力」です。

起き上がりこぼしは底辺に重りがあるから、上のほうを叩いても起き上がってきますが、これと同じ原理で相手を注意する際には、相手の潜在意識のベースにあるアイデンティティーや存在価値を認めてあげながら間違いを正すと関係にヒビが入りません。そのためにも称賛力が必要となります。

④変化を導く「影響力（伝達力）」

部下や子どもを持つようになると必要になってくる「影響力」ですが、これは普段の人としての在り方や言葉の選び方など伝達力と、相手の変化を導くための気づきを与える質問力の2つで構成されています。背中を見せて気づかせるタイプは、在り方重視。対話を通して気づきをうながし、相手の変化を導いてあげる親や管理職はコーチタイプです。

立場チェンジをするために、この4つの能力をそれぞれどうやって伸ばしていけばいいのか、1つずつ見ていきましょう。

潜在意識を押さえた「質問力」を身に付けよ

◆一流の建築家が決して尋ねないこと

人生でいちばん大きな買い物と言われるマイホームを建てるとき、一流の建築家が決してクライアントに聞かない質問があります。それは何でしょうか？

それは「どんな家に住みたいか」という質問です。

プロによると「お客様は、自分がどんな家に住みたいのかをじつは知らない。漠然としたイメージはあるけれど、設計図に落とし込めるほど詳細で具体的なイメージまで持っているクライアントはいない。だから、我々プロが質問を通して、相手が望んでいるライフスタイルを理解するところから始めるのです」ということでした。

彼が打ち合わせで聞いているのは、未来の家族構成と家族との間にどんな関係を築きたいのか、日頃どのような習慣があり、何に困っているのかなどです。レイアウトや建築素材、内装のデザインなどは後から提案すればいい、先に理解しないといけないのは相手のビジョンだということでした。

これはトップセールスの営業マンやコンサルタントにも共通します。

仕事ができて、人間関係もつくれる人は、細かいところを曖昧にしません。ちゃんと相手と意思疎通できていることが確認できるまで質問をするのです。

上司やクライアントに何かを頼まれたときも、「何を」「いつまでに」「どんな形式で」「誰に提出するか」を細かく確認します。

実際に作業を始めてからも、自分のなかでイメージが足りなければ「ここが理解できていないのですが、こういうイメージで合っていますか？」と相手の判断基準を確認していけばいいのです。

逆に、仕事がうまくいかず、人間関係もうまくいかない人は自分の思い込みだけで走ってしまい、後から「ちょっと違うんだけど」とダメ出しされます。

物事を完成させるまで、相手に質問できないという人の潜在意識には「中途半端なものは見せてはいけない」という思い込みがあるのかもしれません。

しかし、たとえば上司に頼まれた企画を、いろいろなデータを盛り込みパワーポイントでデザインして30ページの企画書にして提出したところ、「ここまでのものは要らないんだよ。A４一枚に要約してもらえないか」と言われたら、どうでしょう。それまでの作業がムダになってしまいますよね。

潜在意識をつかむコツは、潜在意識の５階層にそって、相手の「言葉」の裏にある価値観、判断基準、イメージ体系、アイデンティティーを質問することです。だんだんと下の階層へと掘っていくように、相手のイメージを自分もイメージできたと感じるまで質問を重ねていくことが重要です。

そうすれば相手さえも気づいていないイメージを引き出す質問力により、コミュニケーションを格段にアップさせることができるのです。

「傾聴力」がいい関係づくりの基本

◆相手に興味があるかないか

傾聴力を伸ばす際に気をつけたいポイントは次の通りです。

①相手に興味・関心を持つ

相手の話を聴こうと努力しても、そもそも相手を知ろうとする動機や関心がなければ、それが姿勢・態度に現れてしまいます。まずは、なぜ相手がそのようなコミュニケーションをしてくるのかに目を向けましょう。

②相手の観点を確認する

話をしている相手はその人自身の観点で物事を考え、無意識に選んだ言葉を使って会話をしてきます。そのため、「立場チェンジ」をするには、その人がどの観点からそれを言っているのかを観察することが大切です。

相手の観点を理解できると、どういう論理展開や思考回路なのかも観えてくるようになりますし、相手が他者をどう認識しているのかも理解しやすくなってきます。

③自分の判断基準を置いておく

相手の話しを聴きながら「いや、それは違うだろう」「こうしたほうがいいんじゃないの」など、いろいろな判断が自動的にわいてくるのが脳の特徴です。

ジャッジしながら話を聴いてしまうと、相手の伝えたいことが頭に入らず、キャッチボールしている球を打ち返すことになってしまいます。相手をより理解するためにも、自分の判断基準がどのように働いているかを観察してみてください。

④認識をすり合わせる

話を聴いていて、「なんかズレてるな」と感じたらそれは言葉の認識が自分と相手でまったく違っている可能性があります。「なるべく早くやっといてね」と頼まれた仕事を、自分は「今週中」、相手は「明日中」と受け取っていたら問題になりますよね。このようなときは、自分と相手の認識をすり合わせることで誤解を防げます。

⑤「いまここ」に集中する

「考えのお散歩」でも解説したように、人は相手の話を聴いている間に違うことを考えてしまうクセがあります。そのため、自分がほかのことを考えていないか、自分の思考を観察するトレーニングを続けてみてください。

自分の考えを客観視する習慣が身につけば、話に集中できるようになり、より相手の立場を理解できるようになります。

以上のように観点、判断基準、認識に注意しながら話を聴くことができるようになれば、コミュニケーションのズレが減って、相互理解が深まり、快適な人間関係を築けるようになります。ぜひ実践してみましょう。

「称賛力」で在り方をほめる

◆承認することが信頼を生み出す

信頼関係を築こうとしたときに、関心を持って質問することができ、しっかりと傾聴できたとしても、リアクションが何もなければ寂しくなってしまいます。

そこで、対話のキャッチボールを投げ返す番がきたら、自分が話したいことを話す前に、相手をほめる習慣がつくれると人間関係は劇的に変化します。

現代社会に生きる人のほとんどが、「誰かに認められたい」と思っています。多くの人が承認欲求を持っているのです。しかし、大人になると、なかなかストレートにほめられたり、認めてもらえたりする機会がありません。

だからこそ、多くの人が無意識に「自分はあの人よりもここが勝っている」「あの人があれぐらいのレベルだから自分もそこに合わせておけば大丈夫だ」という条件付けをやっているのです。ですが、これではお互いを認め合った関係をつくれません。

人間関係をつくる基本は、自分のアイデンティティーを認めて、相手のアイデンティティーも認めることです。自分に自信を持って相手と接し、相手のことも本気で認めることができれば、人間関係の問題のほとんどはなくなるでしょう。

一例として、長期間に渡って数名の男性が狭い場所で一緒に暮らし、仕事を共にしているマグロ漁船では、人間関係を円滑にするために「観点を変えてほめる」文化が根付いています。

たとえば10名しかいない船員のなかに1人だけ性格の暗い人がいたとしても、「この船にいるのは明るい奴ばっかりやけど。全員が明るいと、船が沈むからの。明るすぎると危機管理が弱くなるからの」と言って、「性格が暗い＝悪いこと」と判断するのではなく、視点を変えてその人の存在価値を認めてあげているのです。

若手を叱るときも同じで、「バカか！ここでケガしたら戦力半減じゃねーか！」と相手の価値を認めながら叱ります。若手が単に「否定された」と思わず「戦力として認めてくれているんだ」と感じられる表現をするのです。

自分の存在価値を認めて欲しいという願いは、すべての人間に共通する生存本能のようなものですから、相手のよい点を見つけたら、なるべく言葉にして伝えてあげてください。お互いにほめる習慣の少ない競争社会では、それだけでもあなたのファンが増えることに違いありません。

どこをほめればいいのかわからなければ、次の観点を参考にしてください。

- 相手がいてくれて助かっていること
- 相手が出した成果とそれをつくり出したプロセス
- 相手が努力していること
- 相手が大切にしている価値観
- 相手がほかの人に与えているプラスの影響
- 相手が変化、成長した点
- 相手に対する信頼や感謝の気持ち

ほめ上手になると、味方やファンが増えるのを実感できることでしょう。

打たれ弱い人にも届く「伝達力」

◆決め付けは相手に届かない

あなたの職場や、部下に打たれ弱い人がいて、その人の心が折れないようにしたい、いい方向に成長できるように持っていきたい。そんなときはどう伝えればよいでしょうか。基本は、「自分の観点」を取り入れた投げかけをすることです。

たとえば、改善をうながしたい部下には、どちらの言い方がいいと思いますか？

A「あなたは遅刻が多すぎる。それは社会人としてどうなんだ？」

B「遅刻が多いから気になっているんだけど。何かあったの？」

どちらの言い方も、相手に現状認識と改善をうながしたい思いは同じですが、Aの言い方では「あなたはこういう人間だ」と相手のアイデンティティーを決めつけています。これは「ＹＯＵメッセージ」と呼ばれるものです。

一方で、Bの言い方は「私は、あなたのことをこう思っている。そのことで話をしよう」と対話をうながすメッセージになっています。こちらは「Ｉメッセージ」と呼ばれるものです。

相手に話が伝わるのは、一方的な思い込みや決めつけの「ＹＯＵメッセージ」ではなく、自分の観点を踏まえたうえでの「Ｉメッセージ」です。

「あなたはこうだからダメだ」と言われて、「もっと聞きたい」「もっと話したい」と思う人はいないですよね。そんな話ばかりでは心が折れてしまいます。

相手を決めつけて伝達する「ＹＯＵメッセージ」では、観点が固定されたままです。そうではなく、自分の思い込み≠事実ではないのだという前提のもとで「私の観点からはこう見えるけど、実際はどうなの？」と事実を確認する伝え方だと、相手が受け取る印象は１８０度変わってきますので、ぜひ試してみてください。

いい質問には、相手の変化を導く「気づき」がある

◆「必要だ」と思ってもらう工夫をする

信頼にも要素があり、一つひとつを確実に積み重ねていくことが大切です。

- ●言葉、表現の目的に対する信頼
- ●出会いの目的に対する信頼
- ●人生の目的に対する信頼
- ●相手の組織、パートナー、影響力のある人に対する信頼

今、多くの人は、不安を持って生きています。

そのため私たちは、人と会うときに意識的か無意識かは別として、「今日、会おうとする本当の目的は何だろう」「私に何を求めているのだろう」「この人の組織は一体何をやりたいのか」「この人は嘘をついているのでは？」「この人と付き合っていて本当に大丈夫なのだろうか」という思いを潜在意識に抱いています。

そうした**不安を取り除かない限り、人は安心して話ができない**のです。

ですから、それらに対する不安を解消し、相手が「なるほど」と納得して安心できたら、次は自分が伝えたい内容に対して、相手が好奇心を持つように関心や聞きたい欲求をつくることです。相手の聞く意思をつくることを「器づくり」といいます。

喉が渇いてない馬を川辺へ連れて行っても水を飲まないように、相手が求めていない情報をいくら押しつけたところで、それを受け取ってもらうのは至難の業です。

では、どうすれば相手に自分の意図やイメージを伝えられるのでしょうか？

そのためにはまず、あなたが伝えようとしている情報や意図、イメージなどを相手に「必要だ」と思ってもらう**「質問」を工夫しなければいけません**。

相手に「自分ごと」と感じられる質問を投げかけ、あなたの求める行動を取ることが、自分の目的達成につながると「理解できる」気づきを質問によってうながすことが重要です。

では、具体的にどんな質問を投げかければいいのでしょうか？

ある3人の出来事を通してみてみましょう。

＊＊＊

あるところに、学会で発表するプレゼン資料を作成している3人のチームがありました。Aさんと Bさんは自分の研究室を持つ大学教授で、2人は違う大学です。Cさんは民間企業の経営者で、研究部門を有する中堅企業の研究者でもありました。

50代のAさんが論文の内容を考え、実験データを提供した発起人だったのですが、若手にチャンスを与えようと考え、Bさんに発表を任せることにしました。

30代のBさんはまだ業界では認められていなく、これを機に自分を売り込みたいと考えています。40代のCさんも2人と同じ分野の研究者ですが、ちょうど異なるデータと意見を3人分持ち合わせることで新しい論文に必要な要素が揃うため、共同で発表することに同意してチームを組みました。

ところが、Bさんの作成したプレゼン資料を見て2人は愕然とします。資料の名前にチーム名はなく、Bさんの研究室の名前だけが記載されており、論文発表に先立つ研究者紹介ページもB研究室の紹介だけでした。

プレゼン内容は主にAさんが考案した内容がそのまま掲載され、その後のデータもCさんが提供したものです。この資料を見た2人は怒ってBさんに言いました。

●論文発表は、あなたの宣伝タイムじゃない

●これだとBさんが1人でやった研究のように見える

●研究者の紹介は最後でよい、中身を先に発表すべき

●紹介欄も発起人のAさん、Bさん、Cさんの順にすべき

しかし、Bさんも譲りません。

●2人の名前も載せるけど、私が発表するんだから、自己紹介ぐらい先にしたい

●貴重な発表の機会だからスポンサーを獲得したい

●スポンサーの窓口も私が担当する

困ったAさんは、Bさんに発表の機会を与えたことを少し悔みながら、親心であれ

これとアドバイスするのですが、Ｂさんはまったく聞く耳を持ちませんでした。

じつは、Ｂさんには大きな借金があったのです。

その借金を返済し、研究活動を続けるためにも、今回の論文発表を機に新しいスポンサーを獲得しなければならない。そんな思いが胸のうちにありました。借金のことを奥さんから聞いていたＣさんは、思案して尋ねました。

Ｃ「Ｂさんは新しいスポンサーを獲得したいんですよね？」

Ｂ「ええ、そうです」

Ｃ「スポンサー候補者は、論文発表の何を評価すると思いますか？」

Ｂ「そりゃ当然、研究内容でしょう。自社の商品開発に使えるかどうかです。だから今回は私の研究結果が最もインパクトがあるし、企業にとっても価値があるはずなんです！」

Ｃ「その点は仰る通りだと思いますよ。ただ、実績やチームとしての観点はいかがですか？」

Ｂ「まぁ、たしかに実績がある人のほうがいいでしょうねぇ。私にはないですけど」

C「Bさんだったら、チームプレイができる助手と個人プレイしかできない助手のどちらを採用されますか?」

B「もちろん前者ですね。……何が言いたいんですか?」

A「チームプレイができる人には投資が集まるってことだよ」

B「まぁ、たしかに……」

A「私は15年前に発表した論文のおかげで、今の企業スポンサーを獲得することができた。先輩が、当時実績のなかった私にチャンスを与えてくれたんだ。そんな私が、どうして今回、君に声をかけたと思ってるんだい?」

B「……それは、若手にチャンスを与えるため……ですよね?」

A「そうだよ」

C「Bさんは、スポンサーを獲得して研究助成の契約を結んだことってありますか?」

B「いえ……」

C「ないのであれば、窓口はAさんにお願いして、一緒に進めながら学ばせていただくっていうのはどうでしょう?」

B「ええ、そのほうが着実ですね」

A「ちなみにプレゼンは自分でやってみたいかね?」

B「なんか話をしてて気づいたんですが、Cさんのほうが経営者として場慣れされるから安心感があるし、Aさんの顔を立てたほうがスポンサー受けもいいと思うようになってきました」

A「それなら3人で一緒に壇上に立たないか」

C「Aさんもチャンスを与えたいって仰ってるんだし、自分の研究内容を発表するぐらいはチャレンジしてみたらいいんじゃないですか?」

B「はい、それでお願いします!」

こうして3人は連携プレーで研究発表を成功させ、みごと大手スポンサーとの契約を決めることができました。

＊＊＊

この物語のポイントは、質問の仕方によってBさんの考え方が変化している点です。

質問のやり方は相手と状況で内容が変わってくるので、やり方だけをマネするのは難しいものですが、このたとえ話をもとにパターン化して理解してみましょう。

1　相手の目的・意図を確認する

「Bさんは新しいスポンサーを獲得したいんですよね？」

当たり前のことや前提を確認するのは意外と重要ですが、見落としがちなポイントです。前提がズレているとその後の話に意味がなくなりますので、最初は相手の目的や意図、最終ゴールを確認してみてください。

2　視点を変える質問

「スポンサー候補者は、論文発表の何を評価すると思いますか？」

Bさんの目的がスポンサー獲得だったため、その対象者から自分自身（この場合はBさん）がどう見えるかを想像させる質問を投げています。営業であれば「顧客に君のプレゼンはどう映ったかな？」、IRであれば「株主に今回のニュースがどう認識されたのだろう？」と視点を変える質問で担当者が気づくことは少なくないはずです。

3　承認と観点移動

「その点は仰る通りだと思いますよ。ただ、実績やチームとしての観点はいかがですか?」

何かを伝える際に、深い相互理解や信頼関係は外せません。敵対しているシーンにおいても相手の考えを認める、ほめるなど、存在承認することは関係構築の要となってきます。そのうえで、こちらが伝えたかった・気づかせたかったポイントと違う回答が来た場合は、「~の観点ではどうでしょう?」と違う観点の質問を投げることで相手の考えの出発点を移動させてみてください。

4 当然すぎる二者択一

「Bさんだったら、チームプレイができる助手と個人プレイしかできない助手のどちらを採用されますか?」

「聞かれなくても当然こっちだろ!」と怒られるような質問は意外と使うシーンが多いものです。漠然と考えていることを、あえて言語化させることで、対話のまな板に載せるのが目的です。相手に決断させ、方向性を明確にさせる効果もあります。

この場合は、スポンサーの観点に立ってもらったうえで、「投資の基準=採用基準」にたとえてスポンサーの感覚が「自分ごと」とイメージできるように導いています。

5 エンディング・クエスチョン

「そんな私が、どうして今回、君に声をかけたと思ってるんだい？」

物語を語った後に、最後の結末（エンディング）を考えさせる質問を「エンディング・クエスチョン」と言います。今回はAさんの昔話からつながって、Bさんを応援する気持ちを相手に尋ねることで思い出してもらおうという意図があります。

6 事実確認

「Bさんは、スポンサーを獲得して研究助成の契約を結んだことってありますか？」

過去の事実、相手の能力、経験、スキルなど、シンプルに事実を確認する質問には強い威力があります（思い込みをベースに考えを発展させることが多いため）。

この場合、事実を確認後、初めての契約締結を一緒に進めて行くことで学びましょうと呼びかけ、相手の変化・成長へつながる姿勢を打ち出しています。

7 提案型の問い

「ないのであれば、窓口はAさんにお願いして、一緒に進めながら学ばせていただくっていうのはどうでしょう？」

「～しろ！」と命令されればイヤな気持ちになりますが、「～するのはいかがでしょう？」と質問されると、決定権が自分にあるので心に余裕を持って受け止められます。

何かを伝える際にも、「～したら、あなたはもっと素敵だと思うんだけど、どう？」などと提案型の問いに変えることで、相手の受け取り方は１８０度変わります。

敵対的な姿勢の相手に対して「伝える＝こちらの意図に気づかせる」質問をどう考えるか。

観点を移動させることのできる道（思考回路）を設計できれば、大きな影響力を持つようになります。

以上の７つの視点を参考にして信頼関係をつくってもらえればと思います。

「価値観が合わない……」も自分の在り方次第で変わる

◆潜在意識が幸せをつくる

コミュニケーションをするなかで、最も辛く苦しいと感じるのは、人の話を聞かずに自分の話ばかりをする自己中心的な人を相手にするときだと思います。

そうした相手と上手く付き合うためにはどうすればよいのでしょうか。

そのためにはまず「自分の心を理解すること」が大切です。自分がその相手を自己中心的だと思っている理由が必ずあるからです。

つまり自分のなかに相手を自己中心的だと決めつけている基準があるわけですから、「自分がどんな条件付けをしているのかを理解すること」が必要なのです。

自己中心的だと思う条件に共通するのは、「相手の話を聞かず、自分の話したいことだけを話す」ということです。これを、コミュニケーションではなく「おしゃべりケーション」と呼んでいますが、自分のことばかり話す人に対しては、ほとんどの人は良い気分はしません。

ほかには、「相手の話が終わってないのに、話の途中でも無理やり自分の話を始める」「他人の立場に対する配慮や気配りがなく、礼儀もないまま構わずどこにでも入ってくる」などがあげられます。

基本的に「人の話を聞かない」「自分のことしか考えない」「自分の主義主張しかしない」、このような人を自己中心的だと思うのです。

これを解決するためには、条件付けを細かく分析して、そこに合う対話や質問によって相手を変えていくことです。相手の変化を導く根本は、相手に対する愛と尊厳性です。自分も相手も尊厳のある存在だと認識できることが、すべての関係性を構築していくうえでの基準になることが重要です。

相手を自己中心的な人だと思っている状態では、逆に相手もあなたに対して「よく聞いてくれない人」「面白くない人」というイメージを持っていることが多いのです。

そうなれば表情も硬くなり、お互い「もうあなたの話なんて聞きたくない」と感じてしまいます。変化を生み出すのは、愛しかありません。それがわかったうえで、相手にたくさん質問をするといいでしょう。

自分が話したい内容や方向性について質問をして相手がそれに答えれば、それは自分が関心のある分野ですから自分も話に参加できます。自分が関心のある分野の話をする人に対しては「面白くない」とは思いませんから、自分の質問能力の足りなさに対する反省と会話を方向付ける智恵が必要なのです。

質問力を高める7つの視点は先ほどご紹介しましたが、問いを学ぶことが学問であるように、質問力を高めるためには、自らの実践を通して経験を蓄積していくことも重要です。

上場企業の経営者が戦略策定の参考図書とする「孫子の兵法」には、「己を知り、敵を知れば、百戦あやうからず」という有名な一節があります。

潜在意識を使って人生を変えるカギは、まさに己の潜在意識を知り、相手の潜在意識を理解することで、すべての関係性を変えることにほかなりません。

エピローグ

この本では、潜在意識を使った人間関係のつくり方をお話ししてきましたが、いかがでしたでしょうか。

どんなに複雑に思える人間関係もじつはきわめてシンプルです。

潜在意識の5階層について正しく理解し、観点、判断基準、認識に注意して日常のコミュニケーションで使っていけば、今よりも素敵な信頼関係を築くことができ、もっと楽しく幸せな人生を送れるようになるでしょう。

「幸せ」のイメージも読んでいる人によってさまざまかもしれませんが、最後に、誰もが幸せになれる5つの条件をご紹介したいと思います。

【幸せになれる5つの条件】

①孤独を経験し、コミュニケーションする相手が欲しいと深く感じることができる

②相手と出会うための行動力を持ち、人と交流する際に「自分が何者なのか」「何のために生きるのか（ビジョン）」を明確に答えることができる

③一緒に泣いたり笑ったりして、共感できる信頼人脈を拡げることができる

④共感から共通のビジョンや目的、プロジェクトが生まれ、一緒にそこへ向かう夢と希望に満ちあふれた未来をイメージできる

⑤多様な危機や限界と出会う。そこで挫折して別れるのではなく、雨降って地固まるように、一緒に限界突破をした感動のストーリーを共有することができる

この1～5までのプロセスが、精神的な幸せと現実的な成功の両方を得ることができる道です。そのためには、条件、状況、環境によって関係を築こうとするのではなく、無条件で相手を愛する決断も必要です。

潜在意識に潜む、人間共通の悩み、苦しみ、葛藤などを味わい、そこから希望へと向かうビジョンと出会えれば、芯のある生き方ができるようになるでしょう。

人は共感よりも「正しい理解」を求めている

相手のアイデンティティーをきちんと認めてあげると、人間関係は確実によい方向に変わっていきます。

本の冒頭で、AさんとBさんのどちらが相手と人間関係をうまくつくれるかという話をしましたが、もう一度、おさらいをしてみましょう。

《Aさん》人の話に必ず言葉でも相づちを打ち、何を聞いても笑顔でいる

《Bさん》あまり言葉の相づちは打たず、少し厳しい表情でたまに「なぜ?」と質問する

一見、Aさんのほうが相手に好かれそうですが、最終的には、ぶっきらぼうに見えるBさんのほうが相手と深い人間関係をつくることができました。

なぜならBさんは安易な同調や共感はせずに、黙って相手の話を深い部分で理解し、ときどき「それって、こういうこと?」「それは、なぜ?」と確認の質問をして、**相手が本当にわかってほしいことは何なのかをつかもうとしたから**です。

人間関係において信頼できる相手は、一方的なアドバイスをしてくる人ではなく、自分の潜在意識を理解し、質問を通して自分が本当に大切にしたいことに気づかせてくれる人です。本当の人間関係にとって大事なのは、表面的な共感ではなく、深い部分で正しい理解をしてもらえることなのです。

在り方を変える方法

潜在意識のなかでも、いちばん強い要素がアイデンティティーです。その人の置かれている立場や生まれた時代、育った環境、国家・民族・宗教などから在り方がつくられるのですが、自分が何者なのかを明確に理解することは、相手を深く理解するいちばんのカギ（マスターキー）となります。

自分の在り方を変えたいと思ったとき、それが肩書きや所属する組織などであれば、結婚や転職を通して環境や立場を変えることで変化します。

変えたい対象が自分の思い込みによってつくられたアイデンティティーであれば、過去の経験や体験を紐解き、あらためて解析し直すことで潜在意識のアイデンティティティーも変化させていくことが可能です。しかし人としての在り方をもっとも劇的に変えるのは、本来の心（オリジナル・マインド）を認識した瞬間です。

自分のアイデンティティーが「自己否定」で固まってしまっていた人なら、「条件付き自己肯定」に、条件付き自己肯定だった人なら、「無条件自己絶対肯定」に。潜在意識を知ることでそれぞれ、一段階でも上がってもらえれば幸いです。


変化のカギは「実践」です。

本書で「理解」ができたあとは、行動をともにしてくれる友人や知人、周りの仲間を巻き込んで潜在意識を共有し、お互いに「新しいアイデンティティーを選択しているかどうか」を気づかせ合う関係（共通のビジョンをもった「ビジョン同盟」）を、ぜひつくってみてください。

未来を語り合うだけでもエネルギーになるはずです。

みなさんの変化を通して、周囲の人までもが幸せになることを心より願っております。

あとがき

ライブドア事件のあった当時、マネジメントに苦労していた私は「意識改革を実現するためには、そもそも意識とは何なのか？　を知る必要がある」と考えて意識の起源を探求していました。意識・無意識を研究していくと仏教の説く空の世界に近づくので、この地球上で悟りを開いた人物を21名見つけて比較検討し、科学的に納得のいった覚者を師に選び、彼の元で長年修行をしてワンネス体験を得ることもできました。

本書のベースとなっている理論や法則の多くは、師であるノ・ジェス（『宇宙一美しい奇跡の数式』著者）が考案したものに私の発想と経験を加え、アレンジした内容となっております。本書ではスピリチュアルな概念を排し、誰にでも理解できるフレームワークで潜在意識の使い方を解説して参りましたが、いかがでしたでしょうか？

なお、第3章でご紹介したステップ1～3の内容は、当社が「潜在意識コーチング」として提供しております。コーチに話を聞いてもらいながら整理すると会話の中から意外な自分の一面を見つけられるので、興味のある方はホームページからお問い合わせください。

本書の内容をより深く体得されたい方には、「潜在意識アカデミー」という実践の場を提供しております。仲間と共に演習やワークを進めることで、自分を変え、現実が変わる体験をしていただければ幸いです。

●ワンネス株式会社
https://oneness.inc/

●潜在意識アカデミー
https://yoshiaki.ishiyama.art/

潜在意識を開拓する時代

今の日本と世界を見渡すと、最も困難に直面しているのが現役で働いている世代です。新型コロナウィルスの影響や行政の方針を受けて、多くの方が受け身で過ごしていては生き残れない状況に追い込まれています。本格的な少子高齢化の影響を受けて、売り上げも長期で見ると減少傾向にあり、何かしらの工夫をしなければなりません。

また時給1500円で働く派遣ロボットの登場で、インターネットにつながった集合知性を持つ機械やアンドロイドが人間の仕事を奪うのではないかという懸念の声もあがっています。世界各国は保守的な動きを強め、自国主義が蔓延し、誰もが目の前のことに必死になって生きる結果、地球環境問題も後回しにされています。

先の見えない時代のなか、しかし1点だけ希望の光が見える場所があります。それが今、本書を読んでくださっている読者の皆様です。

20年以上前にインターネットが登場したばかりの頃、可能性の種は感じていたものの、まさか82兆円を超える産業にまで拡大するとは想像していませんでした。それと同じように、潜在意識を開拓するマーケットは、まだ産声をあげたばかりです。

読者の皆様が本書の内容をビジネスの現場に活かしてくださることで、心の課題が少しずつ解消され、それが21世紀の社会課題を解決することにつながります。

自分自身の変化が求められる時代だからこそ、潜在意識を可視化して、クライアントの変化を導けるコーチの需要は益々増える一方です。一流の建築家やデザイナーも、クライアントの理想を形にする際には、深い問いを通して相手の潜在意識を顕在化させています。しかし、その方法論や技術は明確に言語化されてきませんでした。それがいまは本書でプレゼントした論理体系があれば、誰もが他者の潜在意識を可視化して、変化を導けるようになります。

日本ではマズローの欲求五段階の「認定欲求」のレベルにまで経済と文化が発展し、いまは誰もが「愛されたい」「認められたい」と感じている時代です。しかし、心の問題を科学的に扱い、様々な需要に対して答えられるだけのサービスは、まだ数多くありません。

これまで目に見えなかった潜在意識を可視化することで、「心の健康や在り方」に関する産業（ハート・エコノミー）の開拓が進んでいけば、若者を中心に新たな雇用を創出することができ、医療費の削減を通して財政負担も軽減し、いじめや凶悪犯罪の少ない、明るい未来を子供たちに残すことができます。

これからの時代に本当に必要な職業や仕事は、「どれくらい今の時代に生きる人たちを感動させ、多くの人たちから愛と尊敬を得ることができるのか」がポイントになります。本書を手にした読者の皆様が、まず自己理解を深め、相手を正しく理解し、信頼関係の構築につなげることができれば、人生をより豊かなものにしていけます。

同じように半径5ｍを幸せにする人が増えていけば、人間の心を起点とする様々な問題や課題が減り、その蓄積が社会課題の解決にもつながっていきます。
そんな希望あふれる未来を、ともに創造して参りましょう！

――出会いは人生を変える
しかし、変化を選択するのは常に自分自身である――

石山　喜章

参考文献

『認識革命』（ノ・ジェス／ピースプロダクション）

『感動革命(上)』（ノ・ジェス／ピースプロダクション）

『感動革命(下)』（ノ・ジェス／ピースプロダクション）

『コミュニケーション革命』（ノ・ジェス／ピースプロダクション）

『しらずしらず あなたの9割を支配する「無意識」を科学する』
（レナード・ムロディナウ　水谷淳／ダイヤモンド社）

『2100年の科学ライフ』（ミチオ・カク 斉藤隆央／NHK出版）

『富の未来』（アルビン・トフラー　ハイジ・トフラー　山岡洋一／講談社）

『脳のなかの幽霊』
（V・S・ラマチャンドラン　サンドラ・ブレイクスリー　山下篤子／角川文庫）

『脳のなかの幽霊、ふたたび』
（V・S・ラマチャンドラン　山下篤子／角川文庫）

『ユーザーイリュージョン 意識という幻想』
（トール・ノーレットランダーシュ　柴田裕之／紀伊國屋書店）

『脳はなぜ「心」を作ったのか「私」の謎を解く受動意識仮説』
（前野隆司／ちくま文庫）

『錯覚する脳「おいしい」も「痛い」も幻想だった』
（前野隆司／ちくま文庫）

『錯覚の科学』
（クリストファー・チャブリス　ダニエル・シモンズ　木村博江／文春文庫）

『進化しすぎた脳　中高生と語る「大脳生理学」の最前線』
（池谷裕二／講談社ブルーバックス）

『脳には妙なクセがある』（池谷裕二／扶桑社新書）

『脳は意外とおバカである』（コーデリア・ファイン 渡会圭子／草思社）

『生物と無生物のあいだ』（福岡伸一／講談社現代新書）

『世界は分けてもわからない』（福岡伸一／講談社現代新書）

『生物学的文明論』（本川達雄／新潮新書）

著者紹介

石山喜章（いしやま・よしあき）

ワンネス株式会社　代表取締役

1977年、鳥取県生まれ。埼玉大学理学部物理学科・デジタルハリウッド本科プロデュース専攻を同時に卒業後、IT系コンサルティング会社に入社し、営業目標の3倍を達成して社内“MVP”を獲得。2003年、エッジ株式会社（後のライブドア）社長室プロデューサーとしてメディア事業「ライブドア」をゼロから立ち上げ、同社の成長を牽引。ライブドア事件後は求道者として覚者の下で修業を積みながら事業開発に携わった後、2012年にワンネス株式会社（旧社名CCO）を創業。研修・コーチングを用いた人材育成をしており、トヨタ、三菱電機、ITベンチャーなど先進的企業72社が幹部育成を依頼。潜在意識アカデミーには各界のビジネスリーダー100名以上が参加している。

世界《せかい》が一瞬《いっしゅん》で変《か》わる潜在《せんざい》意識《いしき》の使《つか》い方《かた》　〈検印省略〉

2015年　8　月 24　日　第　1　刷発行
2021年　8　月　2　日　第　5　刷発行

著　者——石山　喜章（いしやま・よしあき）
発行者——佐藤　和夫

発行所——株式会社あさ出版

〒171-0022　東京都豊島区南池袋 2-9-9 第一池袋ホワイトビル 6F
電　話　03（3983）3225（販売）
　　　　03（3983）3227（編集）
F A X　03（3983）3226
U R L　http://www.asa21.com/
E-mail　info@asa21.com

印刷・製本　美研プリンティング(株)

note　http://note.com/asapublishing/
facebook　http://www.facebook.com/asapublishing
twitter　http://twitter.com/asapublishing

ISBN978-4-86063-770-5 C0030